河出文庫

偽善のトリセツ

反倫理学講座

パオロ・マッツァリーノ

河出書房新社

文庫版まえがき

「それは偽善だ！」

なぜ、偽善はいけないのですか？

「マスコミ報道の偽善を暴く！」

はりきってらっしゃいますけど、偽善的な報道と、そうでない報道は、なにが違うのですか？

「寄付を匿名でしないのは偽善だ！」

なぜ、寄付や善行は匿名でなければいけないのですか？

そもそも、他人を偽善者とエラそうに批判しているあなたは何者なのですか？

あなたは、「偽善」とはなにかという根本的な問題について考えたことがありますか。ほとんどの日本人は、ないはずです。学校でも習ってないでしょう。なのに、なんの根拠もなく、偽善はいけないことだと決めつけてます。

実際、お見受けしたところ、ほとんどの日本人にとって、「偽善」は「バカ」「アホ」と同じレベルの悪口でしかありません。でも、

「マスコミはバカだ」

とバッサリ斬り捨てるより、

「マスコミは偽善だ」

といったほうが、批判してる側が正義であるかのように印象づけられます。同じ悪口でも「バカ」より「偽善」のほうが、知的な高級感を醸し出せます。いずれにしても、あくまで、雰囲気だけなんですけどね。

実際には感情的な批判にすぎず、根拠も論理もなかったとしても、気に食わない相手に「偽善者」のレッテルを貼るだけで、相手の信用度を下げ、議論に勝ったつもりになれるのでとても便利です。だから思考力が乏しい評論家ほど、偽善という言葉をやたらと使いたがります。

正しい論理思考ができる人は、相手の間違いを論理的・具体的に指摘することができるので、そもそも偽善などというあいまいな言葉を使って相手を批判する必要がないのです。

さあ、どうです？　偽善について、ちょっと興味が湧いてきたのではないですか？

そんなみなさんが、偽善とはなにか、偽善とどう向き合えばいいのか、といったことを学べるよう、書かれたのが本書です。

二〇一四年に刊行されたときのタイトルは『偽善のすすめ』でしたが、今回、文庫化にあたって、本のタイトルを『偽善のトリセツ』に変えました。

内容は単行本からほとんど変わってません。単行本刊行からの四年間で、なにか偽善に関して新たな知見や研究成果が出ていれば、増補版として加筆しようかと思ったのですが、めぼしいものはないようなので、そのままにしました。

新たな知見どころか、本書が単行本で指摘した点に、ほとんど変化はないようです。偽善だ偽善だ、と、わめくだけの薄っぺらな評論家は世にはばかってるし、寄付やチャリティやボランティアのやりかたに偽善だとケチをつけて喜んでる人も絶えません。

多くのかたが偽善の本質に無頓着なおかげで、二〇一八年現在でも、「日本人の偽善」というテーマの研究書・入門書にはほぼ類書がなく、本書がいまだにトップランナーであり続けているのは、嬉しいような、寂しいような。

本書は決してムズカシい本じゃありません。もともと若者向け教養書シリーズの一冊として書かれたので、中高生でも読みやすいよう、口語体の会話形式にしてあります。サクサク読み進めるうちに、目からウロコの事実に気づき、倫理学や歴史社会学のおもしろさや奥深さをわかっていただけるのではないかと思います。もちろん若者だけでなく、オトナが読んでもじゅうぶん参考になるし、愉しめるはずです。

偽善のトリセツ

目次

第3章　知られざる偽善の歴史　誕生編

第4章　知られざる偽善の歴史　成り上がり絶頂編

第5章　知られざる偽善の歴史　暗雲凋落編

本文イラスト しりあがり寿
本文デザイン 高木善彦

登場人物紹介

パオロ
とある商店街の片隅で立ち食いそば屋兼古本屋を営む、謎の日系イタリア人。さまざまな日本文化を研究していて、日本人より日本に詳しいらしい。

豪太（ごうた）
アスリート向きの体格に恵まれた中学生男子。スジが通ってないことが許せない性格ゆえに、めんどくさいヤツと思われ部活が長続きしない。

亜美（あみ）
ディベート大会で優勝を目指す中学生女子。理想よりも現実重視。ものごとを論理的に考えるよう心がけるが、じつは感情が顔に出やすい。

偽善のトリセツ　反倫理学講座

第1章　偽善って、なんだろう

ここは、とある商店街。そのはずれのほうで、立ち食いそば屋兼古本屋という不思議なお店「ブオーノそば」は、ひっそりと営業しています。謎の日系イタリア人パオロさんがひとりで切り盛りするそのお店には、今日も食欲と知識欲旺盛な若者たちが訪れるのです。

スジを通す男

「ちーっす！」

ヘイ、らっしゃい！

「あ……」

「おぅ……亜美さんも、ここ来てるの？」

「豪太くんこそ、こんなところに来てるなんて、意外」

「こないだ留吉センパイに教えてもらってから、ときどき来るようになったんだけど」

おや、ふたりはお友だちだったんですか。

「まさか！　たまたま部活が一緒なだけです」

部活が一緒ってことは、趣味も一緒ということでは？

「全然、ちがいますっ」

亜美さんは弁論部でしたっけ？

「だったんだけど、最近、変わったんです」

「ラクベン部ッスよ」

ラクベン部？　ははあ、あれか。ラクに勉強するコツを研究しよう、とかなんとかいう、いま流行りの活動をするんですね。

「そうじゃねえッス。落研と弁論部がくっついて、ラクベン部」

ふうん。なんだかよくわかんないけど、きみたちの学校は、ずいぶんと斬新な課外活動をさせるんですね。

「こうなったのには事情があるんです。部活の数が増えすぎて、先生たちがこれ以上顧問を掛け持ちするのはムリだってことになったんです。それで部員の少ない部を廃部にすることが決まりました。で、どちらも廃部候補だった落研――落語研

究会と弁論部が、なんの関係もなかったのに、存続のためだけに、しかたなく合併して、ラクベン部が誕生したというわけ」

「なるほど……」

「は？　なんでパオロさんじゃなくて、豪太くんがいまさら納得してんの？」

「ちがうちがう、そういうふうに説明すればいいのか、って感心した〝なるほど〟だよ。オレ、説明とか苦手でさ、道を聞かれても、あっちへブァーって行ってあのへんを右へ曲がって、みたいなおおざっぱな答えしかできねえから」

「あーあ、あたしは落語なんて、ぜんっぜん興味ないのに。ディベートの全国大会に出場するのが夢だったのになあ。相手の論理のウソを見抜いてバシッと反論できたら、かっこいいじゃないですか」

勇ましいですね。それより豪太くんはまたなぜに落研に？　きみ、中学生にしては、かなり大柄でがっしりしてて、アスリートか番長か、ってタイプですよね。体育会系の部活動には興味がなかった？

「そりゃ、あったッスよ。うち、父ちゃんがいなくて、母ちゃんとふたり暮らしなんスよ。オレがプロのスポーツ選手になってカネ稼げば母ちゃんにラクさせられるって、ガキのころから夢見てたッス」

「でも、なにもやってないんでしょ？　ちょっと考え甘くない？」

「中学に入って、野球部に誘われたから行ってみたら、ボウズにしなきゃいけないっていわれたッス。オレ、ボウズはイヤだから、なんでなんスか、ボウズにすると野球がうまくなるんスかって聞いても、決まりだとしかいわねえし、サッカー部はボウズにしてないじゃないかってつっこんだら、それならサッカー部へ行けって逆ギレしやがって。だからいわれたとおり、サッカー部に入りました」

「素直だな」

でも、やめてしまった？

「いつまでたっても走り込みと雑用ばっかだったから、オレ、サッカーやりたいからサッカー部入ったッス、早くうまくなってプロになりたいんスけど、って部長にいったら、ナマイキだってマジギレしやがって。サッカーできないなら、いても意味ねえんで、やめたッス」

それで落研に？

「いや、そのあと剣道部にも入ったけど……」

やめた理由もいちおう聞いておこうか。

「剣道って、なんで打つときに叩く場所を教えてやらなきゃならねえんスか？　メン！　ドウ！　コテ！　って。ヘンじゃねえッスか。時代劇のサムライは、斬る場所を予告なんかしてねえのに」

いわれてみれば、たしかに剣道だけ奇妙なルールがありますね。野球のピッチャーが「内角低め！」なんて予告して投げたらバカですよね。寄り切り！　と叫んでる力士もいないし。もし弓道でそれをやるなら、矢を射るたびに、マト！　マト！　って叫ばなくちゃいけない。

「結局、剣道のルールが納得できなくて、やめたッス」

「めんどくさいヤツだなあ」

「スジの通らないことは許せねえッスよ！」

落語はスジが通ってるんですか。

「へこんでるオレに声を掛けて落研に誘ってくれたのが、部長の留吉センパイだったッス。オレ、留吉センパイの言葉に感動して落研に入ったッス。〝落語の精神は、どんなにしようのないやつでも見放すことはない。とことん追い詰めずに許してやる。人間の弱さを肯定してるんだ〟……いい言葉っしょ？」

ええ、知ってますよ。その言葉は、柳家つばめという落語家の『創作落語論』という本に書いてあります。で、その本を留吉くんに勧めたのは私です。

「受け売りだったのかよ、留吉！」

電車で席を譲るのは偽善？

「そういえばさ、豪太くん、電車の中で席が空いててもずっと立ってるんだよね？　こないだ、部のみんなで街頭募金のボランティアをしに行くのに電車乗ったとき、そうしてたじゃん。あれもなんかスジ通してるわけ？」

「オレが座ってて、もしあとからお年寄りとかが乗ってきたら、立って席を譲らなきゃいけないだろ。だったら最初から立ってたほうがいい」

お年寄りがきたら、どうぞ、って譲ればいいのでは？　それまでは座っててもかまわないんですよ。

「そうだけど、譲るタイミングって、ムズくねえッスか？　だいいち、みんなの前でそういうのやると、いかにもオレいいことしてまーす、って感じで、偽善っぽくて。オレ、偽善って、なにより嫌いなんスよ」

えっ、それが偽善……？　豪太くんはそう考えるんですか。

「座ってて、自分の真正面にお年寄りが来た場合は譲れるから問題ないッスよ。けど、斜め前とかに立たれて、となりの人が譲ろうとしねえときが微妙なんスよ〜。オレがでしゃばってどうぞとかいっちゃうと、となりの人に当てつけてるみてえだし」

きみは豪快そうでいて、妙なところで繊細な気配りをするんですね。

「でも、その気持ち、わからないでもないな。あとさ、お年寄りに席を譲ったら、けっこうです、って断られたことない？」

「あるある。あれもすっげ恥ずかしいっつうか」

「でしょ？　あたし、それやられてトラウマになったもん」

おおげさですねぇ、その程度でトラウマだなんて。

悩み多き若者たちの気持ちを、私なりに解釈してみようか。勇気を出して、どうぞと勧めたのに、けっこうですと断られると、ああ……って、善意が行き場を失いフェードアウトしていく感じがいたたまれない。せっかくの善意が無にされたのがちょっぴり屈辱的で恥ずかしくもある。どう？

**「ほぼ、当たってるかも」**

だったら、そういうときは逆に、ぐいぐいとフェードインしていったらどうでしょう。「どうぞ」「けっこうです」「ホントに？　またぁ。遠慮しないでくださいよ。一駅でも全然かまいませんよ……ホントにいいの？　じゃあ、私がまた座りまーす」

**「できませんっ！　そんな会話するほうが、もっと恥ずかしい」**

人間も四〇歳すぎておじさんになると、そんな会話ができちゃったりするんだけど、若い人たちには抵抗あるかな。とりわけ日本の若者はシャイですからね。

偽善は本当にいけないの？

なかには、こういう人もいますよ。心理学の専門家である内藤誼人さんは、人前で年寄りに席を譲るような善行をするのが大好きなのだそうです。親切な男であることをみせびらかしたい、とコラムに書いてます。

「なんなンスか、その人」

「最低の偽善者」

キビシいなあ。ふたりとも、なぜそんなに偽善を嫌うのですか？

「え、だって偽善ってのは、人として、しちゃいけねえ最低のことじゃないんスか」

「偽善者呼ばわりされてうれしい人なんて、いないでしょ」

それは困りましたね。じつは私も偽善者で、さっきの内藤さんの意見にも賛同できるんですよねえ。このままだときみたちに嫌われてしまう。

「またまたぁ。いつもの冗談ッスよね？」

いえ、これは強がりでもないし、自分を卑下してるのでもありません。私は偽善者であることをちっとも恥じていないし、これからも偽善者であり続けようと本心から思ってます。私は最低のオトナですか？

「偽善を悪くないっていう人がいるなんて思わなかった……」

では質問を変えましょう。なぜ、偽善はいけないのですか？

「なぜ？　そうあらためて聞かれると、うーん……」

「亜美さんでもわからねえの？　じゃあオレなんてよけいバカだから、わかるわけねえじゃん」

偽善とは、なんですか？

「もう、質問、多すぎ！」

あはは。ごめんごめん。でも、ディベートや議論に勝つためのテクニックのひとつとして、質問攻めというのもあるので、おぼえておくといいでしょう。議論では、答える側は考えなくちゃいけないから圧倒的に不利です。なんでなんでと質問し続ければ、相手はいつかボロを出すか、怒って自滅します。

「それ、ズルいッスよぉ」

攻められる側にとっては、無理に質問に答える義務もないってことですけどね。わからなければわからないと認めて、あなたがご存じなら正解を教えてください、と逆に質問返しにしてもいい。それで相手もわからなければ、引き分けです。

ただし質問を無視すると、「負けを認めたんだな」と相手が一方的な勝利宣言で挑発してくることもあるので、ちょっとムカツクけどね。

「そういうときは、どうすればいいんですか？」

質問して、相手が答える前に逃げる。

「それもズルいッスよぉ」

偽善者のフリをするのは、いいひとである

基本に立ち返り、国語辞典で「偽善」をひいてみてください。たいていは「うわべだけ善人のようにみせかけること」「みせかけだけの善行」のような説明がしてあるはずです。

「うんうん。そういうことッスよ」

でもその辞書の説明だと、なんだか、わかったようなわからんような、ふわっともやっと、あいまいな定義に思えませんか。

どうもほとんどの日本人は、偽善という言葉の意味を深く考えず、気にくわない相手を批判するための便利な悪口として安易に使ってるようにお見受けします。

だれかの行為を、そんなのは偽善だ！　と批判すると、すごく痛烈な批判のように聞こえるんです。批判した側に正義があるような気になるんです。だけど、詳しく話を聞いてみると、単なるいちゃもんだったり、そもそもどこがどう偽善なのかはっきりしないことも多いんです。

偽善という言葉の意味を誤解して、使いかたをまちがえてる人もいます。

日本の歌謡曲やポップスの歌詞を検索できるサイトで〝偽善〟を検索してみました。やはりほとんどは偽善や偽善者を批判対象にしているのですが、なかにいくつか、ひっかかる表現がありました。

「偽善者ぶって」

「偽善者のフリをする」

これは日本語の表現として、あきらかにヘンですよね。私のいってる意味、わかりますか？

**「ああ、そうか。〝善人ぶって〟とか〝善人のフリをする〟が正しいんだ。偽善者ぶるだと意味が逆になっちゃう」**

そのとおり。いいひとみたいなフリをすることが偽善です。「偽善者ぶって」しまったら、いいひとのフリをする悪人のフリをすることになります。

「わけわかんねえ」

てことは一周してしまうから、偽善者のフリをしてる人は、じつはいいひとってことになってしまいます。

でも歌詞の前後の文脈から考えると、いいひとがわざわざニセモノのふりをするといったひねくれた設定ではなさそうです。だから、これは単純に、作詞した人が偽善の意味と用法をまちがえているだけでしょう。

偽善者はだれだ

これから私はきみたちに、偽善について考えるための材料を渡します。偽善の現状から過去の歴史まで、詳しく教えます。きみたちには、偽善についてきちんと考えてもらいたいからです。

「荷が重すぎるッス……」

抽象的でむずかしそうなことを、そのまま考えようとするから、わけがわからなくなるんです。まずは具体的な事例をいろいろあてはめてみて、ああでもない、こうでもないと検討することからはじめましょう。さっき話に出てた、電車でお年寄りに席を譲る場合なんか、もってこいの例題になります。

パオロは、次の市議会議員選挙への出馬を考えている。議員になって土木工事予算を増やし、自分が経営する土木工事会社の仕事を増やして儲けるのが狙いだ。だから好感度アップのために、ヒマを見ては電車に何度も乗り、お年寄りがいるとおおげさな笑顔で席を譲っている。

**「そんなことやってるんスか？　見損ないましたよ、パオロさん！」**

**「たとえ話だよ。なにマジになってんの」**

ジョバンニは、いつも良いことをするよう心がけている。なんの下心もなく、まごころ込めて、お年寄りに席を譲った。

**「非のうちどころがねえッス」**

**「現実にそんな人は、なかなかいないけどね」**

アレッサンドロは、仕事でくたくたに疲れてて、本当は座っていたかったけど、周囲の目を気にして、しぶしぶ、お年寄りに席を譲った。

「なんだなんだ、また新キャラ登場？」

　この三人は、それぞれまったくちがう動機で、お年寄りに席を譲りました。この中で、偽善者はだれでしょうか？　辞書の定義によれば、うわべだけの善人、でしたよね。

「ジョバンニはホントにいいひとだから、除外されるでしょ。で、パオロはうわべだけだから偽善者決定」

「うん。アレッサンドロも偽善者ッスね」

「ええー、そうかなあ」

「心からの善意じゃなくて、周りの人の目を気にして行動を変えるようなヤツだぜ。もし周りにだれもいなかったら、きっと席を譲らなかったんじゃねえの」

「周りにだれもいなかったら、譲らなくてもお年寄りは座れてるっつうの」

「うっ!!　この問題は、罠だったのかっ!?」

「周りの人の目を気にして行動を変えるなんて、だれでもしてることだよ。それが偽善なら、あたしたち全員偽善者じゃん。アレッサンドロは疲れてるのに譲ったんだから、むしろ善人だよ」

豪太は、譲らなきゃという気持ちはあったのに、声をかけるタイミングを逃した恥ずかしさから、お年寄りに席を譲らず寝たふりをした。

「かんべんしてくださいよー。なんでオレまで登場するんスか。オレ、寝たふりなんてしないッス」

亜美は、もともとお年寄りに親切にする気もないし、したこともない。他人の視線も気にならないので、いつものように席を譲らず、友だちとのメールに熱中していた。

「ひっどーい！　あたしが一番ヤなやつじゃん！」

「それで、正解はなんなんスか？」

正解？　しいていうなら、この場合、お年寄りに席を譲った人が正解です。つまり、パオロとジョバンニとアレッサンドロは正解で、豪太と亜美は不正解。

「いやいやいや。そうじゃなくて、偽善かどうかの正解が知りたいんスけど」

きみたちは、パオロは偽善者であることを疑いもせず決定しましたよね。なぜそう決めたのですか？　それは私があらかじめ、パオロの裏の理由を説明したからですよね。

もしもきみたちがパオロという人物の職業や性格をなにも知らず、同じ電車に乗りあわせていたとします。そしてパオロが席を譲った現場を目撃したら、どう考えるか。きっと、笑顔で老人に親切にするパオロを、とてもいいひとだと評価するのでは？

**「人の善行の真意は、見た目だけではわからない、ってこと？」**

そうです。だから私は辞書の定義に疑問を抱いたんです。うわべだけの善行というけれど、うわべか本心かを見抜くのは、現実には不可能です。

それに、席を譲られたお年寄りにとっては、パオロとジョバンニとアレッサンドロの行為は、どれも同じ〝善行〟なんですよ。

**「なるほどぉ。選挙がはじまって、パオロの選挙ポスターを見てはじめて、そのお年寄りも、あっ、あのときのアイツ、偽善だったのかと気づくんスね」**

そうとはかぎりませんよ。じつは、パオロとジョバンニとアレッサンドロは三つ子で同じ顔をしてるんです。その場合、心からの善意で席を譲ったジョバンニまでが、あいつ選挙のための偽善だったのか！　とカンちがいされちゃったりしてね。

**「あはは。よくそんなイジワルな設定を思いつくなあ。パオロさん、性格悪ーい」**

失礼な。性格が悪いのではありません。思慮深いのです。

偽善はだれかを救う

ではもうちょっとマジメな話。仮に、パオロの真意が見透かされたとしましょう。でもその一方で、豪太と亜美は席を譲らなかった。席を譲った偽善者と、譲らなかったふたり。

偽善はいけないというけれど、偽善者はだれかを救ってます。なにもしない人は、たとえ善人であっても、だれも救っていないのです。

さきほどきみたちが偽善者だと軽蔑してた内藤さん。人前でいいことをして親切な男だとみせびらかしたいとコラムに書いていたのですが、その続きがあるので読んでみましょう。

私の行いは悪いことなのだろうか。たとえ計算ずくでやっているにしても、善行は善行である。

——中略——

大抵の人は、他人に親切にしたいという気持ちを持っているくせに、現実に手を差し伸べずに済ませてしまうことが多い。「どうしよう、手助けした方がいいのかな?」とは考えるくせに、声をかけそびれて、結局は、親切を施さないのである。つまり、内面は立派なのに、行動が伴っていないというわけだ。

**「耳が痛い指摘……」**

どんなに善良な心を持っていようが、道徳心にあふれていようが、実行しなければ意味がありません。もちろん逆に、よかれと思って善意でやったことが、結果的に相手を傷つけてしまうこともあります。

だったらむしろ、不純な気持ちでも結果的にいいことをしている偽善者のほうが、よのなかをよくしているのではありませんか。

**「だけど、オレオレ詐欺をやって、いつも年寄りからカネをだまし取ってるヤツが、たまに電車に乗ったとき、年寄りに席を譲ったとしたら、それはやっぱ、許せ**

ねえ偽善なんじゃねえッスか」

「おぉ、豪太くんにしては、珍しくいいツッコミ」

なるほど、そうきましたか。だったら、こんな例にも共感するのかな。夜ごと六本木で豪遊して、女をとっかえひっかえしてる素行の悪いミュージシャンが、災害が起きたときに、ポンと気前よく数千万円も寄付して、さらにチャリティライブを開催した。この偽善者め！

「それ、それ。まさにオレのいいたかったことッスよ」

だけど、オレオレ詐欺師が席を譲ったのも事実だし、女たらしのミュージシャンが募金活動をしたのも事実ですよ。どちらもだれかを救ってます。

その瞬間だけは、本当に心からの善意でやったのかもしれません。だとしたら、それは偽善ではないことになりますよね。

だけど豪太くんは、その人の行動をすべてトータルして判定し、悪がほとんどで善はちょっとだから、偽善だというわけですね。

「そうッスね」

でも、その悪人が、もしもなにひとついいことをしなかったら、最悪じゃないですか。ゼロよりは、一回でもいいことをしたほうがましなのでは？

「つまり、悪よりは偽善のほうが、まだましだってこと？」

私は、そう考えますけどね。きみたちはどうだか知らんけど。

第2章　偽善の実態を見てみよう

古い雑誌

**「大将、今日はいいネタ入ってねえッスか」**

**「なんなのそのノリ。常連客気取りかよ」**

おう、今日も獲れたてピチピチのいいネタが入ってるよー。

**「ノッてくれたよ……」**

今朝、築地市場に行って、きみたちみたいな偽善者どもにおあつらえ向きのネタを仕入れてきたよっ！

**「疲れるから、普通のノリに戻してください」**

ホントは築地じゃなくて、国会図書館でちょっとおもしろい資料を見つけたんです。『高校上級コース』という雑誌なんですけどね。

**「聞いたことねえ雑誌」**

知らなくて当然。きみたちも私も生まれる前、一九六〇年ごろに出てた雑誌ですから。

高校三年生向けに、大学受験や進路に関する情報を発信していたのですが、この名前で出てたのは一年足らずです。どうやら同じ出版社の『高校コース』という雑誌の上級生向けバージョンとして創刊されたものの、何冊か発行しただけで終わってしまったみたいです。

「売れなかったのかな」

たぶんね。たしかに万人受けはしそうにないけど、内容はやたら濃厚なんで、けっこうハマってた読者もいたかもしれません。受験情報のみならず、就職についての記事や、若者の体験談を交えてマジメな人生論を語ったりする記事なんかが盛りだくさんの雑誌なんです。

「一九六〇年に高校三年生だった人って、まだ生きてんの？」

「どんな歴史感覚してんのよ。いま二〇一四年だから——まだ七〇歳くらいのはず。あたしたちのおじいちゃん・おばあちゃんくらいの世代かな」

一九六〇年ごろといえば、高校生の大学・短大への進学率は、男子で一五パーセント、女子は六パーセントにも満たなかったくらいです。最近の大学進学率は男女ともに五〇パーセントを超えてますから、いまとはずいぶん差がありますね。

「大学に行くのが五〇パーセントかあ。当たってるよ。亜美さんは大学行くだろうけど、オレは行けねえもんな」

「統計って、そんなふうには使えない気がするけど」

この雑誌が出てた当時は、高卒で就職する人のほうが圧倒的に多かったんです。だから『高校上級コース』でも就職組のために、社会人として職場でどういう態度をとるべきか、みたいな、いまでいうビジネスマナーを教える特集が組まれてます。

係長とか、デスクとか呼ばれる人がいるし、頭のはげあがった課長がいる。

「はげ頭も、ああいうふうに光ると、一つの芸術品だな」

決して、そんなことを考えてはならない。考えたとしても、絶対に口に出してはならない。

「そこの女子、笑いすぎ」

「ちがうの、ハゲを笑ってるんじゃないの。会社にハゲた課長がいる、ってなんで決めつけちゃうの？　ふさふさの課長だっているだろうに」

むかしの高校生は偽善に悩んでいた

本題に入りますよ。亜美さん、いい？　笑いはおさまったかな。

マジメな人生論企画のひとつとして、一九六〇年一月号では「偽りの季節　十代の偽善と偽悪」という特集が大々的に組まれてます。こんなむかしから、日本の若者たちは偽善を気に病み、悩んでいたようです。

この特集の扉ページでは、高校生らしき人がタバコを吸ってる写真とともに、もったいぶった序文が語りかけます。


「青春とは錯覚の季節である」という。善を偽善と錯覚し、偽悪を悪と錯覚し、自分をおとなだと錯覚する——子供とおとなの中間にいる精神の不安定が、錯覚した偽りの自己を、真実の自己と思い込ませるわけだ。その意味で、青春とはまた「偽りの季節」である。

青春を悔いなく生き、豊かな人間性の開花を願うならば、真実の自己を見つめ、それを貫く勇気を持たなければならない。

「亜美さんが、またツボにはまってるッス」

「偽りの季節⁉　人間性の開花⁉　マジすぎてウケる。このころの高校生って、こういう哲学的な文章が好きだったんですか？」

どうだろうねぇ。私もまだ生まれてなかった時代ですから、いろいろな資料から判断するしかありませんけど、知的にちょっと背伸びをすることをカッコイイと考える若者は、いまより多かったみたいね。

「マジメッスね」

もちろん、マジメをからかう軽い若者や、マジメさに反発する若者もたくさんいました。大学生は勉強もせずに遊んでばかりいるといった批判は、当時からありましたから。進学率の低さからもわかるけど、経済的に余裕のある家のこどもでないと、なかなか大学へは行けなかったというのが当時の現実。高卒で働いてた多くの人たちにとっては、大学自体が遊びに見えたとしてもしかたがありません。

この雑誌記事を読んで、偽善に対する印象がいまとはちがうなあという印象を受けました。現代の〝偽善〟が他人を批判するための言葉として使われることが多いのに対し、当時の若者たちはもっと内向きです。自分が偽善者かもしれない、偽善者だったらどうしようという不安が支配的です。

彼らが考えていた具体的な偽善はというと、

「うわべは応援してたのに内心では」友だちの不合格を願った。

生徒会活動をバカにしながらも、英雄になりたいという願望がつねにあった。

定時制に通ってるのに、ペンフレンドには普通の高校に通っているとウソをついた。

「ペンフレンド？」

文通の相手をむかしはこう呼んでました。いまはネットの掲示板みたいなところで、同じ趣味の人たちが気軽に集まって会話ができます。日本各地の遠く離れたところに住んでる見知らぬ者同士が交流できますよね。

ネットがなかったころは、知らない人と友だちになるには、文通しか手段がなかったんです。たいていの雑誌にはペンフレンド募集コーナーがあって、そこに自分のプロフィールや趣味、住所名前を載せると、関心のある人から手紙が来て、意気投合すれば見ず知らずの人と文通をはじめるという。

　顔を知らない同士なもので、定時制高校の生徒がついつい普通科の生徒だと文通相手にミエをはってしまったということですね。

「雑誌に自分の名前と住所を載せちゃって大丈夫なの？」

　個人情報保護にうるさい現代では、考えられませんよね。ストーカーとか家に来ちゃいそうでアブナいし。むかしはけっこう、そういうところはおおらかだったんです。昭和三〇年代くらいまでは、作家やマンガ家も自宅の住所を公開してました。マンガ家の自宅にこどもがサインもらいにたずねてきたりしたそうですよ。

　それはさておき、友だちの不合格を願う。本当は英雄になりたい。文通相手についついミエをはる。当時の高校生は、そういったことを偽善じゃないかと悩んでいました。

「だけど、そんな気持ち、だれにだってあるよね」

「そんな深刻に考えなくても、って感じッスけど」

「はあ？　豪太くんこそ、些細なことを気にするチャンピオンなのに？」

偽善者テスト

そんな悩める高校生読者のために、この特集記事には「自己診断テスト15問　あなたは偽善者か」というテストまでついてます。さまざまなシチュエーションであなたがどう行動するか、四択から選んで採点するというものです。点数が高いほど偽善的傾向が強いと診断されます。まあ、こんなのはしょせん占いみたいなもんだけど。

**「やってみたい！」**

一五問もあるんで、全部やってられません。いくつかピックアップしてみますか。こんなのはどうですか。

あなたの親友が、あなたの好きな異性に好感を持っているとしたら、どうしますか。

イ、友情は友情、恋愛は恋愛と割り切って公明正大な交友を続ける。

ロ、内心ではライバルとして敵視しながら表面では親友のように装う。
ハ、友人をライバルと考えながら、一応のつきあいを保つ。
ニ、親友か恋人のいずれかを捨てる。

「四択が〝イロハニ〟ってなってるところに時代を感じるッスねー」

「で？　その問題だと、どれが偽善ってことになってるんですか？」

　点数が多いほど偽善度が高いのですが、ロが二点でハが一点。それ以外は〇点となってます。

「イとニは偽善ではないんだ……でも、割り切って公明正大な交友を続けるなんてことが、本当にできるの？　その選択肢を選ぶ人こそ、じつは偽善者っぽくない？」

「それいうなら、親友か恋人のどちらかを捨てるって選択のほうがヤベェんじゃねえの」

　おや。豪太くんにとっては、どちらかを捨てるほうが、スジが通ってるのではありませんか。

「あっ、そうか。……そうかなあ？　そんなシビアな選択を平気でできるんスか？　だったら表面だけ親友のようにつきあう偽善者のほうが、人間としていいヤツなんじゃねえかって思ったりなんかして――オレ、まちがってます？」

　まちがいかどうかを他人に決めてもらってどうするんですか。自分でよく考えて、責任を持って主張してください。そいじゃ、次の問題。

　内心ひどくきらっていた友人が病気でなくなりました。クラス一同が葬儀に参列することになりましたが、あなたはどんな態度で参列しますか。

イ、好ききらいは別として、友人の死をいたんで、厳粛な気持ちで参列する。
ロ、少しも悲しくないのに悲痛な顔で参列し、「いい友人だった」という。
ハ、みんな悲しそうな顔をしているので、自分も悲しそうな顔で参列する。
ニ、義理で来たという顔で参列する。

「重いよー。偽善ってこんな重いテーマだったっけ。つうかこれ、〃イ〃以外はどれもヘンなんですけど」

「たしかに。悲しくないのに悲痛な顔するか？　義理で来たという顔なんてするか？　けど、〝ハ〟の気持ちはちょっとわかる気もする。この問題の採点はどうなってるんスか」

これもロが二点でハが一点。あとは〇点。

「なんかオレ、ますます偽善がなんなのか、わかんなくなってきた」

偽善と偽悪とヒポクリシー

この他にもいろいろな設問があるのですが、募金に関する問いが、一五問中二問あることに注目です。

ひとつは、異性の友だちと町を歩いていたら共同募金を頼まれた、さあどうするか。もうひとつは、休み時間に水害地救済カンパがまわってきたがお金を持ってない。さあどうするか。

結論をいってしまうと、彼女彼氏の前だから募金する、あるいは、なにかいいわけをして募金しないのを、このテストでは偽善と判定しています。

そういえばきみたちも、こないだ街頭募金のボランティアをやったとかいってましたね。

「そうなんスよ。でも、そのときの亜美さんがちょっと……」

「あたし、なんか悪いことしたっけ？」

「だから……亜美さんがこれみよがしに、わざと目立つように左腕を見せて、お願いしまーすってやってたのが、なんかさ」

「なんだ、そのことね。あたし左腕が義手なんです。みんな最初気づくとぎょっとするんだけど、気をつかってあえてなにもいわないんだよね。ヘンに同情されるのもヤだけど、ムリに腕に視線をやるまいとして表情がこわばってたりするのを見るのも、こっちが気疲れする。

こどものときに事故に遭ってこうなって、ずっと訓練してきたから、もういまは日常生活には何も不自由してません。自転車も乗れるし、水泳もできるし、専用のを使えばリコーダーも吹けるし。靴ひも結ぶのも着替えもほとんどのことは自分ひとりでできます。お姉ちゃんのタンスからかわいい服こっそり借りて着てったり、冷蔵庫からお姉ちゃんのプリンを取って食べたりとか」

「いま、ちらっと犯罪のニオイがしなかったスか？」

「これみよがしってわけじゃないけど、隠す必要もないし、腕に気づいた人が注目するなら、それを利用して募金してくれる人を増やすのもおもしろいかな、って」

「亜美さんって、ときどきそういうところあるよな。いや、それが悪いっつうんじゃねえよ。だけど、なんつうのかな……偽善じゃないけど……」

わざとちょっとだけ悪いふりをしたがるってことですか。

「そうそう。そんな感じッス」

強いていえば、〝偽悪〟となるのでしょうか。日本の国語辞典で〝偽善〟をひくと、反意語は〝偽悪〟となってますね。

でもじつは、偽悪という単語は、日本語にしかないんです。英語などの西洋言語では偽悪に該当するひとつの単語がないので、〝わざとワルのふりをする〟みたいに文章で説明するよりありません。

「あれ？　じゃあ、英語で偽善の反意語はなんなんだろう？」

〝誠実〟などとなってます。偽善がhypocrisy（ヒポクリシー）で反意語はsincerity（シンセリティ）です。英語以外の主要な西洋言語でも、どれもだいたい似たような単語が使われてます。

日本の英和・和英辞典ではすべて、偽善はヒポクリシーと訳されてます。でも〝偽善〟の反意語は〝偽悪〟なのに対し、〝ヒポクリシー〟の反意語は〝誠実〟。

逆に考えると、西洋人にとってヒポクリシーとは「誠実でないこと」を意味します。しかし日本人が〝偽善〟を「誠実でない」という意味で使うことはまれでしょう。

てことはつまり、西洋人の考える〝ヒポクリシー〟と日本人が考える〝偽善〟は、似ているけれど別のものなのではなかろうか？

「おお、ミステリーみてえ。オレ、ミステリー好きなんスよ」

「将来の夢は名探偵なんでしょ」

「あれ？　だれにも話したことないのに、なんでわかったの？」

「マジで？　ボケたつもりが正解しちゃったよ」

そういえば私は先月、回転寿司で不可解な事件に遭遇しました。

「回転寿司で事件に巻き込まれるなんて、珍しいッスね」

ピンピンってチャイムが鳴って、もうすぐ注文品が到着します、と画面に出たんだけど、レーンを流れてきたのは注文品って書かれた台だけで、その上に乗ってるはずのスシと皿はどこかへ消えてたんですよ。

「それは上流にいただれかが、取っちまっただけッスよ」

「おぉ、さすが名推理」

「そのくらい、推理しなくてもわかるだろ！　てか、ふたりとも、オレのことバカにしてねぇ？」

寄付は偽善なのか

日本人と西洋人の考えかたのちがいは、他にもあります。

日本人は募金や寄付、チャリティなどに対し、欧米の人たちよりも、疑ってかかる傾向が強いように思えます。有名人が多額の寄付をしたり、チャリティイベントを開催したりすると、売名行為だ、偽善だ、と非難する声が必ずどこからか聞こえてくるんです。

　でも、募金や寄付って、ホントに偽善なんでしょうか？
　豪太くん、きみは募金活動そのものに反対なのですか？

「まさか！　反対だったら街頭募金に参加しねえッスよ。困ってる人がいたらシカトしねえで助けるのが、男ってもんスよ」

「あー。女性差別発言だ。人助けをしてるのは男だけじゃないのに」

　スジの通らない部活動はやめるくらいですから、募金に参加したこと自体、意義を認めてる証拠ですよね。でも、亜美さんのやりかたには、ちょっぴり疑問を感じたわけだ。

「募金そのものはいいことだけど、やりかたによっては、善意じゃなくなっちまうっつうか。芸能人とかがテレビ番組で寄付してたりするのも、なんか自慢みたいで、ちょっとひくッスよ。寄付はやっぱり、匿名でするべきっしょ」

「べつに盗んだりカツアゲしてるわけじゃなし。芸能人が寄付したことがニュースになれば、それが宣伝になって、一般人だって私もやろうって気になるかもしれない。一円でも多く寄付が集まれば、それだけ救われる人も増えるんだよ。やりかたにさえ満足すれば寄付が集まらなくてもいいっていうなら、それこそが自己満足

だけの偽善者じゃん」

ふたりの考えかたは、おおむねわかりました。ふたりとも寄付や募金という行為そのものに反対してるのではないんですね。

ただし、なにを重視するかが異なってると。豪太くんは、やりかたや善意の気持ちを重視し、亜美さんは、集まった寄付金の額という結果を重視しているようです。

豪太くんは、自慢や売名行為につながりかねない実名での寄付をする人を偽善者と呼ぶ。亜美さんは、やりかたの正しさにばかりこだわって寄付金が集まらなくても満足しちゃう人を偽善者と呼ぶ。

国語辞典に書いてある〝偽善者〟の定義は、なるべく多くの例にあてはまりそうな無難な定義でしかありません。現実のよのなかでは、偽善や偽善者に対して抱いてる具体的なイメージは、人によってかなり異なるのではないかということが、よくわかりますね。

ディベートはつまらない

こういうことって、自分ひとりで考えをめぐらせてるだけじゃ、なかなかわからない。他人と意見を戦わせてみて、はじめてそのちがいに気づくんです。

議論の本当のおもしろさって、自分ひとりでは見落としていたものが見えるようになったり、自分が気づかなかった議論の切り口に気づかせてもらえたりして、ときに意見や立場がぐるりと裏返ったりするところに新鮮な感動や爽快感があるんじゃないかな。

亜美さんは、ディベート大会で優勝したいといってましたよね。

**「はい」**

そういう競技ディベートって、賛成と反対の立場を決めて勝ち負けを競ってるだけなんですよね。途中で意見や立場を変えたらいけないわけで、私にはそんなの、上っ面だけ裁判をマネしてる弁護士ごっこ、検察官ごっこにしか思えないんですよ。

**「おや？　亜美さんが変顔してるッス」**

亜美さんは、がっかりしたことも、うれしいことも、露骨に顔に出るタイプですよね。

**「誠実なんです」**

相手を言論で屈服させればうれしいのかな。たとえば、本を読んだら、えーっと驚く意外な事実が書いてあったとします。それって、これまでの自分の常識が覆されてるんです。本の著者に背負い投げをくらって床に叩きつけられてるんですよ。相手に負けたのに、知的にも精神的にも成長したことになります。

では逆に、主張や立場を最後まで変えずにディベートに勝った人は、なにを得たのでしょうか。勝利者としての栄誉ですか？　でも、相手の批判をはねのけておのれの主張や立場を変えなかったということは、自分のなかで進歩も変化も成長もなかったことになりませんか。

現実の社会やネット上での議論を見ても、相手を論理的に論破して議論に勝ってるケースは少ないような気がします。意固地に自説を押し通し続けて、自分は正しいのだ、と叫び続けたあげく、論敵がさじを投げて議論から撤退したところをみはからって勝利宣言をしてるヤツのほうが多いように思えますけどね。

バカにつける薬はない、とあきれられただけなのに、議論に勝ったとカンちがいしてるヤカラは、学者や評論家にもたくさんいるんですよ。

根拠のない話はするな

学生さんや若い人たちになにかを教えるとき、私は必ずこういいます。「根拠のない話をするな」。

友だち同士のおしゃべりなら、根拠のない話とかウワサ話で盛り上がるのもいいんですよ。それを禁じる理由はありませんし、オトナになってもそれは楽しい。他人の悪口を無責任にいい合うことが最高の酒のつまみだ、なんて意見もあるくらい。アイデアをみんなでたくさん出しあう場なら、根拠はむしろジャマになります。根拠にこだわっていたら、斬新なアイデアが出てきませんから。

しかし、レポートや記事としてなにかを公表するとき、そして、多くの人が関わる問題について議論するときは、必ず根拠が必要になります。だけど、現実のよのなかには、根拠のない話や議論が蔓延しています。じつに嘆かわしい。学力低下は学生だけの問題ではありません。オトナたちのほうがヒドいんです。

根拠のない憶測は、事実に反していることも多いのです。スタートラインがまちがっていたら、そこからどんなに議論や思考を重ねても、まちがいがふくれあがるだけ。

「でも、根拠って、どうやって調べたらいいんスか？」

科学に関することなら、実験や観察です。これはわかりますよね。ところが社会や人間に関することとなると、なかなか実験できないからむずかしい。その場合に実験や観察の代わりにできるのは、統計と歴史です。統計数値と過去の事例。この二つをきちんと調べた上で考えれば、ひどくまちがった結論へ迷いこむことは防げます。

仮にまちがいがあったとしても、根拠を明らかにしておけば、どこでなぜまちがったのかをあとから確認しやすい。つまり、まちがいをただすのも簡単になるんです。

これは、相手の意見や主張がなんか怪しいなと感じたときにも応用できます。相手の主張が科学に関することがらなら、根拠となる実験や観察がきちんと行われているかどうかを、まず確認すること。

社会や文化に関することで怪しいと感じたなら、それが歴史と統計をきちんと調べた上での主張なのかどうかを確認すればいい。どちらの根拠もなければ、ほとんどの場合、個人的な思いこみや妄想、迷信です。

日本人は冷たい？

寄付や募金を疑いの目で見る日本人が多いという疑念も、ひょっとしたら私の個人的な印象にすぎないのではないか？　当然の疑問です。客観的に検証してみましょう。

慈善団体への信頼度を、世界中の二一か国で調べたデータがあります。二〇〇五年ごろの調査結果なのですが、それによると、日本人の慈善団体への信頼度は調査国中、もっとも低いものでした。

調査国全体の平均　非常に信頼する　一二・五％　やや信頼する　四四・五％
日本　非常に信頼する　一・四％　やや信頼する　二四・四％

やはり日本人は、慈善活動をしている人たちを信用していないことが、数字にもあらわれてます。

「日本人は他人に対してはとても冷たいけど、身内や知り合いにはすごくやさしいって、前に本で読んだことがあるんだけど」

たしかにそういう傾向があることは、戦前からいろんな人が指摘しています。でもこの同じ調査によると、〝周囲の人を助けてしあわせにすることが大切〟とする価値観についても、日本人の支持率は最低でした。日本人は自分たちで思ってるほど、身内や周囲に対してもやさしくないみたいですね。

日本ではむかしから、西洋人は個人主義だけど、日本人は周囲との人間関係や和を大事にするのだ、などといわれてきました。でもあらためてこういうデータを検討すると、日本人のほうが個人主義的傾向が強く、他人の善意を信頼しないという、予想外の一面が見えてきます。

日本人はいくらぐらい寄付をしてるのか

実際のところ、日本人はどれだけ寄付をしているのでしょうか。『寄付白書』には、寄付金額の国際比較データが載ってます。

欧米八か国と日本の数字が掲載されてますが、二〇〇四年から一一年まで国ごとにバラバラのデータなので、正確な比較はできません。あくまで目安程度に考えてください。

寄付をした人の率を見てみましょう。日本は三三・七パーセント。フランスの一九・〇に次いで二番目に低い。最高はオーストラリアの八六・九パーセントでした。

寄付した金額のひとりあたり平均は、これまた国ごとに円とかドルとかユーロとか、お金の単位が異なるから単純比較はできません。そのことを差し引いてもなお、日本の一万三一七四円という額は他の国の半分以下なので、やはりかなり少ないといえるでしょう。

この調査以外にも寄付金額に関する国際調査はいくつかあるのですが、いずれも日本の寄付金額は欧米諸国に比べると少ないという結果が出ています。

次に、これは日本国内だけの調査ですが、年収と寄付の関連。ちなみにこれは二〇一〇年の調査なので、東日本大震災の寄付金は含まれてません。

家族全員の年収を合わせた世帯年収の額ごとに調査結果が出ています。世帯年収が二〇〇万から四〇〇万円の人も、一四〇〇万円以上ある人も、寄付をした割合はおよそ四割で、ほぼ一緒です。つまり日本人の場合、収入の多い少ないと、寄付をするかどうかは関係ないみたいですね。

**「お金持ちだからといって、寄付をする人が多いってわけじゃないんだ。ちょっとガッカリだなぁ」**

**「日本人って、ケチなんスかね?」**

そうとも、いいきれませんよ。いまのは寄付した人の割合でした。寄付をした金額となると、年収一四〇〇万円以上の人は平均で、およそ七万四〇〇〇円寄付しています。それ以下の年収の人たちの平均寄付金額は、およそ五〇〇〇円から七〇〇〇円のあいだなので、一〇倍以上の開きがあります。

これらのデータをまとめると、こういう結論が出せます。年収が一四〇〇万円以上あっても、六割の人はまったく寄付をしない。ただし、する人はたくさんしているんです。日本人の場合、寄付をするかどうかは、その人の財産や収入の額に関係なく、個人の人格や性格によるところが大きいようですね。

節税のために寄付をする偽善者伝説

寄付は偽善だと批判する日本人に多く見られる誤解に、こんなのがあります。

「外国では寄付をすると税金が安くなるからね。だからみんな寄付をするんだよ。善意でもなんでもないさ。単なる節税対策。自分がトクしたいためにやってるくせに、世のため人のためみたいなフリをするのは偽善だ」

「ん？　どういうことなのか、わからねえッス。税金と寄付になんの関係があるんスか？」

突然だけど、税金って、なんのためにあるのか知ってますか。

「国や都道府県や市町村が、いろんなことをするためにお金が必要だから、みんなから集めてるんでしょ？」

中学校の社会科テストなら、たぶんそんな感じで正解なんでしょうね。といっても私は社会科の先生じゃないから責任持てません。テストでそう書いたらバツだった、とかいわないでね。

国や自治体が活動するのにお金が必要だから、給料や所得から税金を払わなきゃならないし、買い物をすれば消費税を払います。それが税金の基本です。

でも税金にはもうひとつ役割があるんです。それは、人々の行動を操作すること。国家や自治体が、人々にしてほしいことをさせるよう仕向けたり、してほしくないことをやらせないように仕向けるという役割もあるんです。

**「マジッスか！　他人を操るような、そんな陰謀が可能なんスか⁉　この日本でも、そんなおそるべき陰謀が行われてるんスか？」**

操るとかおそるべき陰謀というのはおおげさだけど、誘導することくらいは可能です。もちろん日本でも、むかしから普通にやってます。

たとえば、家を新築する人が多くなると、大工さんの仕事が増えたり、家具や家電品を新たに買ったりするから、景気がよくなるといわれます。

そこで政府が、日本中の住宅を増やそう、もっと住宅建設を増やしてほしいと考えたら、家を買うときに発生する税金を安くするんです。

家は何千万円もしますから、たい焼き買うみたいにこれくださいい、って現金で払えません。住宅ローンを組んで、何十年もかけて少しずつ払うのが普通です。

でもそれは大変だから、家を買うかどうか迷ってる人がたくさんいるわけです。そこで、住宅ローンを払ってる人に対しては、お給料から取る税金を安くしてあげますよ、なんてふうに特典を提示して、誘導するんです。

病気の治療費の一部は国が負担しています。喫煙にともなう病気が減れば、治療費を少なくできます。だったらタバコを吸う人の数を減らそうと国が考えたら、タバコにかかる税金をぐんと値上げすればいい。タバコやお酒には、消費税以外にも特別な税金がかなりかかってますけど、それは小売価格に含まれてるんです。だからタバコの税金を上げると、当然タバコの小売価格も上がります。それならタバコやめる、って人が増えるという仕組みです。

もちろん、すべての人が家を買うとはかぎらないし、値段が上がってもタバコを吸い続ける人もいます。それは個人の自由ですから。でも、税金をアメとムチのように使うことで、ある程度は人々の行動を誘導することができます。

そういった仕組みを踏まえたのが、外国人は税金でトクをするために寄付をしている偽善者だ、というさっきの発言です。そういってる人たちはおそらく、具体的には寄付大国であるアメリカと寄付に消極的な日本を比較していると思われます。

寄付をすると給料や所得にかかる税金が安くなる制度は、日本にもあるんですよ。なのにその制度を利用する人はあまりいません。外国は日本よりもっと優遇されてます。アメリカ人で寄付をする人が多いのは、寄付をすると税金が安くなる制度を利用しているだけだ――と思ってる日本人はたくさんいるようなんですが……。

**「その流れだと、じつは……って、どんでん返しがあるのかな？」**

読まれちゃったなあ。そう、じつは、アメリカの税金制度に詳しい専門家によると、節税のために寄付をしているアメリカ人は、実際には、ごくわずかしかいないのだそうです。

お金を稼いだ人は毎年、どういうことをしていくら稼ぎましたというのを書類に詳しく書いて税務署に申告することになってます。その申告にもとづいて、あなたは税金をこれだけ払ってください、と通知がくるんです。この仕組みは日本も含め、世界中だいたい同じです。

ただし日本の場合、会社勤めをしている人は、その作業のほとんどを会社がやってくれるのですが、アメリカでは基本的に、全員が自分で申告することになってます。

おおざっぱにわけると、アメリカには通常の申告方法と、簡易的な申告方法があります。通常のほうが払う税金を安くする特典がいろいろと用意されてますが、書類作成などがめんどくさいので、アメリカ人のおよそ七割は簡易方式で申告しています。この簡易方式で申告すると、寄付をしても税金が安くなる特典は利用できないのです。

つまり寄付をして税金を安くする制度を利用できるアメリカ人は三割しかいないのに、アメリカ人の六五パーセント以上が寄付をしています。てことは、寄付をするのは節税のためという説は成り立ちません。

「税金をたくさん払ってる大富豪だけは、寄付でトクしてるんじゃねえッスか？」

それも専門家の人がたしかめました。どんなに税金をたくさん納めてる大富豪でも、寄付をまったくせずに普通に税金を納めたほうが、手元に残るお金は多くなるという計算結果が出たそうです。純粋な損得だけで考えたら、寄付はしないほうがトクなんです。

「なんだぁ。ウマい話なんか、ないんじゃん」

もうすぐ死にそうな富豪老人にかぎれば、多額の寄付をすることで、死後に遺産を相続するこどもが払う相続税を安くしてやることは可能だとのこと。

でもアメリカでは若い大富豪もたくさんいて、巨額の寄付をしています。フェイスブックの創設者ザッカーバーグさんは、まだ二〇代で世界的な大富豪になりましたけど、すでに日本円にして数百億円を寄付してます。

チャリティに関するニュースを扱う新聞『クロニクル・オブ・フィランソロピー』によると、二〇一二年の寄付金額上位ベスト5のうちの三人は四〇代以下でした。だから、相続税対策のために寄付をしてるのも、ごく一部の人にすぎません。

アメリカ人は税金を安くしてトクをしたいから寄付をしてるだけの偽善者だ、という批判は、アメリカの税金の実態を知らない日本人によるいいがかりなんです。

寄付は匿名ですべきという常識のウソ

続いて検証する誤解はこちら。〝寄付は匿名でするべきだ。有名人や金持ちが名前を出して巨額の寄付をするのは売名行為だ、偽善者だ〟

「やっぱ、寄付とか募金とかは他人のためにするもんスよ。それで寄付した人の名声があがっちまったら、その気がなくたって、結局、売名行為になっちまうじゃねえッスか」

寄付をして有名になるのって、いけないことなんですか?

「うーん……いけないっちゅうか、なんかヤラシい感じ、ッスかね」

豪太くんと同じように、寄付は匿名でこっそり行うべきという信念を持ってる人は、日本人には珍しくありません。

二〇一〇年ごろから全国各地の児童養護施設などに、ランドセルや学用品が匿名で相次いで寄贈されたのがテレビや新聞で報じられたんだけど、おぼえてますか。

「タイガーマスクとか名乗ってたやつッスよね」

寄贈してたのはそれぞれべつの人だったんだろうけど、プロレスのファイトマネーで孤児院の運営を陰ながら支えるマンガのキャラにちなんで、タイガーマスクや伊達直人を名乗ってた人が多かったんです。

そのなかのひとつ、埼玉県のある例では「超偽善的ではありますが、寄付をさせていただきます」というメモが添えられていたそうです（『朝日新聞』二〇一一年一月一四日付け）。

匿名の上に、さらに自分から〝超偽善的〟〝寄付をさせていただきます〟とへりくだりまくってます。頭が地面に埋まってるんじゃないかってくらい。

「何人かのこどもにランドセル贈ったくらいでヒーロー気取りかよ。そんなの自己満足なんだよ。だったらテメエの全財産なげうって、日本中の恵まれないこどもを全員救ってやれよ！　できないなら偽善者だ」

「えーっ！　えーっ！　亜美さんがついにどす黒い本性をあらわした！」

「いまのはあたしのホンネじゃないよ。あたしはそんなこと全然考えてません！　でも、こういう理不尽な批判をネットに書きこむ人っているんだよ。さもありそうな意見をマネしてみただけ」

「そうなのか……ビックリしたぁ」

「さっきのタイガーマスクは、そういう批判を受けて傷つきたくないから、先に自分からへりくだって予防してたんじゃない？」

理不尽な中傷を避けたいから匿名で寄付をする。その心理は理解できます。でも、本当に日本人はみんな、寄付は匿名ですべきだと考えているのでしょうか。ひょっとしたら、寄付は匿名ですべきだと思ってるのは、東京と大阪の人だけなのかもよ。

「えっ、それどういうこと？」

東京近郊と大阪に住む人たちのほとんどは、全国紙という新聞を読んでます。朝日・読売・毎日のどれかが一般的です。でもそれ以外の地方では、それぞれの県だけで発行されている地元の新聞を読んでる人のほうが多いんです。そういう新聞を、全国紙に対して地方紙と呼んでます。

新聞社やテレビ局といった大手マスコミは、なにか大きな災害が起きると、被災者への義援金を募集します。マスコミは多くの人に一斉に情報を伝えられる強みがありますから、義援金募集の呼びかけにも大勢の人が応えてくれて、とても効果的なんです。

全国紙では、読者からの義援金が集まっても、総額ウン億円を被災地に届けました、みたいなおおざっぱな報告しか紙面に載りません。

ところが地方紙には、義援金募集に応じてくれた人全員の名前と寄付金額が、堂々と紙面に掲載されるんです。

「マジッスか!?」

地方在住の人にとっては、けっこうあたりまえのことなんですけど、東京・大阪でしか暮らしたことのない人たちには、知られてない事実です。

記憶に新しい例ですと、二〇一一年三月一一日に起きた東日本大震災。あれだけの大災害です。全国各地の新聞がすぐさま義援金を募りました。当時の地方紙を何紙か確認してみたところ、災害発生の五日後から一週間後には、義援金を出した人の名前と金額一覧がどこの新聞にも載りはじめてました。私が確認した中でもっとも早く反応してたのは、愛知県の中日新聞。二日後の一三日から早くも寄付者名が掲載されてました。

むろん、希望すれば匿名にしてもらえるんですよ。なのに、あえて実名と金額を新聞に載せる人がたくさんいるということは、地方の人たちは、実名での寄付や募金に抵抗があまりないと考えてよいのでは？

ただし、朝日新聞や読売新聞が寄付者名を載せなくなったのは戦後のことなんです。戦前までは現在の地方紙みたいに、義援金を出した人の名前と金額をちゃんと載せてました。

これは一九二三（大正一二）年九月六日付け、大阪朝日新聞です。「震災義金」として、まるまる一ページが、義援金を寄せてくれた人の氏名と金額で埋めつくされてます。

ここで義援の対象となっているのは、その五日前、九月一日に起きた関東大震災です。東京の新聞社はどこも被害を受けて新聞を発行できなくなりました。朝日新聞と毎日新聞は東京と大阪両方に会社があったから、大阪で義援金を集めていたんです。

**「すごい。名前がびっしり。むかしから助けあいの精神って、あったんだね」**

**「なんか、ちょっと感動」**

一ページだけじゃなく、連日、多い日には二ページ三ページにまたがって寄付者名が並んでます。当時としても、関東大震災はそれだけ大変な災害だったということです。

八日には、おことわりとして「紙面の都合により義捐金寄贈者中、未掲載の方が

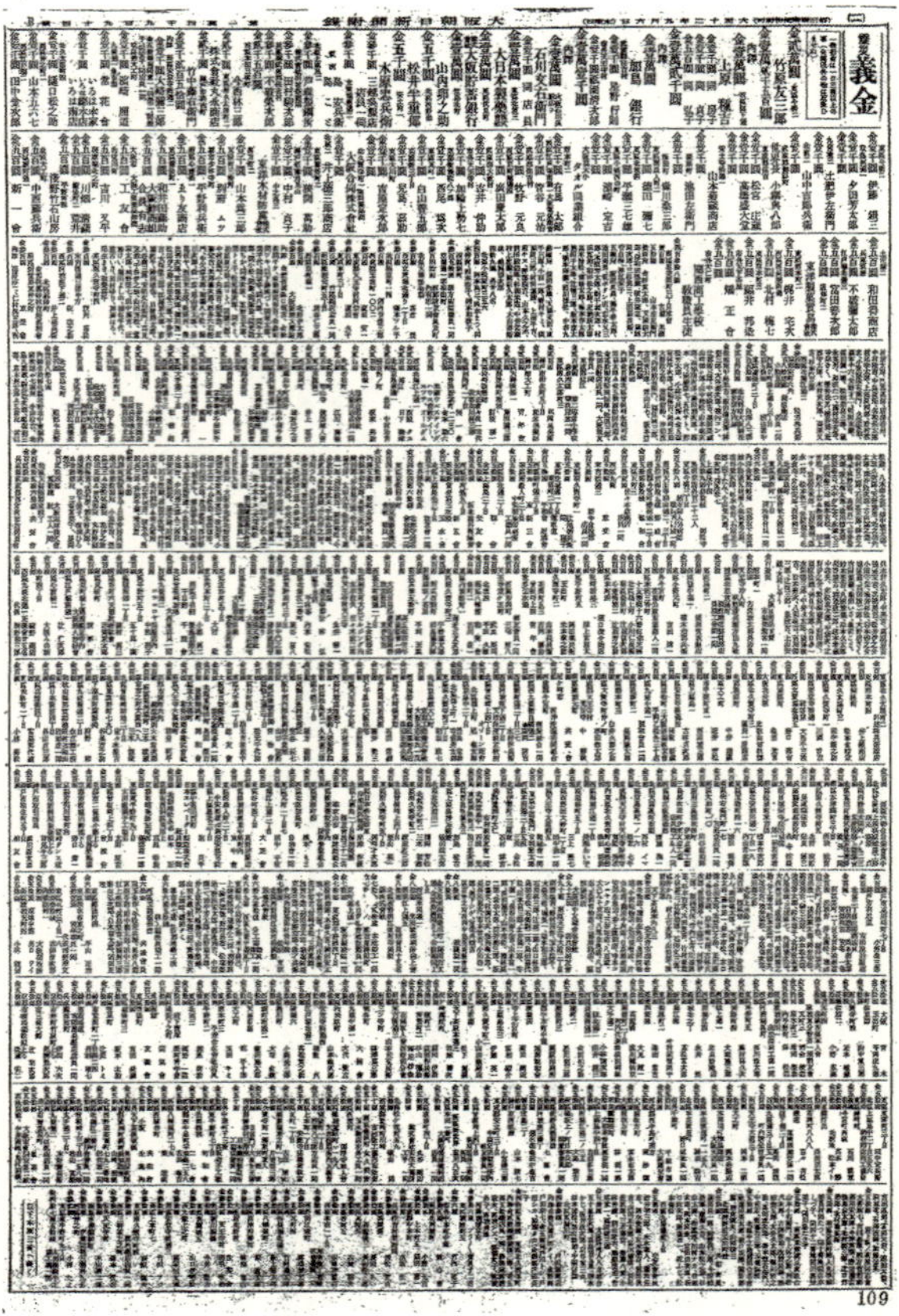

関東大震災の義捐金リスト

非常に多く残っておりますが、順次発表しますからしばらくお待ち願います」と書いてあります。戦前の日本人は、先を争って名前を載せたがってたんです。寄付したことを公表するのが普通で、匿名は美徳ではなかったようです。

大阪の富豪たちも実名で巨額の寄付をしてました。彼らは新聞社でなく大阪府庁に申し出ていたようですが、そのことを新聞が報じてます。鴻池善右衛門一五万円、住友吉左右衛門二〇万円など。

「いまのお金にするとどれくらいッスか？」

その計算は諸説あるんだけど、いまの物価は当時の二〇〇〇倍という説にあてはめると、当時の二〇万円は、いまの価値にしたら四億円。それだけでもけっこうすごいけど、住友吉左右衛門は次の日に、追加として二三〇万円の寄付を申し出てますから、いまのお金にすれば総額で五〇億円くらい寄付したことになります。

「やっぱりむかしから、してる人はしてた、と」

「しかも実名で堂々と、かぁ」

新聞というメディアが誕生したのは明治時代ですが、それより古い江戸時代の資料も残ってます。江戸末期の一八三〇年代に天保の飢饉というのがありました。天候不順で米が不作になり、食糧不足から都市部でも多くの人たちが飢えに苦しみ、餓死者も多数出ました。

そのときにも、羽振りのいい商人たちは、町民を救うためにかなりの寄付をしていたようです。どの商人がいくら寄付をしたかを金額の多かった順に記録したものが、施行番付として残ってます。

幕府の正式な記録ではなく、町人が作ったものなので、ここに書かれた金額が正確かどうかの保証はありません。でも、寄付した商人を讃えるものだったことはたしかです。屈折したヤッカミみたいな感情はうかがえないんでね。

ことによると、民間人がこれだけ本気で援助してるのに、幕府はなにしてやがるんだ、という批判が含まれてたのかもしれません。なにしろ江戸時代は、幕府を直接批判するようなものを書いてはいけなかったんですから。

江戸時代の人たちは、なにかというと相撲の番付に見立てて大関、関脇、などとランク付けをするのが好きだったんです。たとえば、料理のおいしいお店番付だとか。

「なんか、いまと変わらない」

こうしたさまざまな史料から推測するに、少なくとも江戸時代から戦前までの日本人は、寄付を実名ですることが、むしろあたりまえだったようです。

朝日新聞や読売新聞で明治から続いてきた寄付者名を載せる習慣は、戦中戦後の物資不足で新聞のページ数が少なくなったため途絶えてしまったようです。

いまや全国紙の義援金募集に応じる寄付者は数万人にのぼりますから、その全員の名前を新聞に掲載することは、現実には不可能です。寄付者名掲載の習慣は、地方紙だけが今後も続けていくのでしょう。

不正はつねにある。けど、ごく一部である

「寄付を実名でやるのは売名だとか偽善とかいう人もいるけど、それは必ずしも日本人全員の考えではないってことなんだよ、わかったかね、豪太くん」

「なんだよエラそうに。自分だっていまパオロさんに聞いて知ったくせに。必ずしも匿名にこだわることはないってのは、納得したッス。でも、むかしの人はみんなホントに寄付や募金を素直な気持ちでやってたんスか？　他人の善意を利用して

金をだまし取るヤツとかはいなかったんスかね？」

「もう、どこまで疑り深いんだ」

もちろん、悪いヤツはいましたよ。

「あれ？」

「ほら見ろ」

そりゃあ、いつの時代にも、人間が大勢いるうちには、ひねくれ者や疑り深い人もいます。寄付や募金など、慈善事業そのものに難癖をつけてる人も、むかしからいましたし、悪いことやズルいことをする人やサギ師も、何千年も前から存在します。

サギというのは、人の善意と欲望を利用することで成り立っている犯罪です。だから善意も欲もない人は、絶対サギにはひっかかりません。けど、そんな人間はこの世にいないから、サギもなくならないんです。

災害の義援金を集めるフリをして金をだまし取るサギなんてのは、明治時代の新聞にもたくさん載ってる定番の手口です。

災害義援金の一部が行方不明になっていることがわかったので詳しく調べたら、

関係者や新聞記者、市の職員が犯人だったなんて横領事件も、戦前から何十件も報じられてます。

戦後の一九五〇（昭和二五）年、赤い羽根共同募金がはじまってまもないころのこと。街頭募金をやった中学生三人が、公衆便所で募金箱に入ってたお金をこっそり山分けしてたところを警官にみつかり補導されました（『読売新聞』一九五〇年一〇月七日付け）。

**「最低ッスね、そいつら！」**

とまあ、こういったさまざまな不正が報じられると、募金に対する不信感がわくのも無理はないけれど、冷静に考えてください。そういう悪い例は、全体からしたらごく一部だけです。大半はまともにやってます。

もちろん募金を集める団体も、不正が起こらないよう、お金の出入りをしっかり管理しなきゃいけませんよ。それでもなお不正が発覚したら、犯人を法のもとに厳正に処罰して、また不正が起こらないよう努力すればいいだけのこと。

一部で不正があるからといって、寄付や募金はすべてインチキだ、偽善だ、と決めつけてやめてしまうのはいきすぎだし、バカげてます。

たとえば、新聞やテレビはたびたび学校教師の不祥事を報じてます。きみたちも新聞やテレビニュースを見ていれば、どこそこの中学教師が駅で女性のスカートのなかを盗撮して捕まった、なんてニュースを何度か目にしたことがあるでしょ。そんな事件が起こるのはとても残念です。

でもそれは何万人もいる教師のうちの数人でしょ。少数の悪い例を理由に、すべての教師が盗撮をしてる変態スケベ野郎だと決めつけるのはまちがいです。

そうやって少数の例をおおげさに責める人には、逆にこう詰め寄ればいい。「だったらあなたが管理責任者になって、すべての不正を未然に防いでみてください。ただし、もし一件でも不祥事が起きたら、責任とってあなたにも一生、刑務所に入ってもらいますよ」。

寄付を偽善と批判する人は、むかしからいた

一九二二（大正一一）年の雑誌『日本及日本人』にはこんな記事が載ってます。

女学生が街の通りに並んで、花や記念バッジみたいなものを通行人に買ってもら

い、その売り上げを慈善事業に寄付するという活動が、当時たびたび行われていたようです。

この記事の筆者は、その活動を仕切ってるのが貴族の奥さんや娘さんといった特権階級であることが、気にくわなかったようです。女学生に交じって、高価な洋服で着飾った貴婦人がいて、労働者に花を売りつけてることを批判しています。

「偽善だってこと？」

偽善という言葉は使ってませんけど、ニュアンスとしてはまさにぴったりでしょうね。特権階級のご婦人がひまつぶしに下々の民を救おうとしてるだけじゃないのか、と思ってたんじゃないかな。

ストレートにそう批判すれば、それはそれで正論ですから、意見を支持する人もいたはずです。なのに、この筆者は攻撃をエスカレートさせるあまりに、主張が現実離れして、わけのわかんない批判になってしまいます。

女学生が労働者風の男に花を買ってくださいと差し出したら、その男が聞くにたえないようなひどい言葉を投げつけたそうなんです。女学生は顔を赤らめ、うつむいてしまいました。

その光景を目にした筆者はこういいます。これがもしイギリスだったら、あんな侮辱を受けた女はその場で舌をかみ切って自殺しただろう。

「イギリス人は、そんなことするんスか？」

するわけない。その程度の侮辱でいちいち死なねばならないなら、イギリスの女性はとっくのむかしに全員死に絶えてるはずです。

さらに筆者は批判をたたみ掛けます。この活動の収益が貴婦人や女学生の弁当代や化粧品代に使われていると聞いた。事実かどうか知らないが、そういうウワサが立つだけでも、貴婦人なんて連中がキツネのように人を化かす連中だと想像できる。

「なにそれ。事実かどうか知らないが、って、自分からガセネタだって白状しちゃってるじゃん。ウワサだけを根拠に他人にいいがかりをつけてるだけだよ」

同じ雑誌のべつの号では、救世軍がやってる慈善鍋というチャリティが批判の的になってます。

救世軍というのは軍隊ではなく、社会奉仕に力を入れているキリスト教の団体です。慈善鍋はいまでも年末になると社会鍋という名前でやってるんだけど、見たことないかな。募金箱の代わりに大きな鍋を吊り下げておき、道行く人に募金を入れてもらう活動です。

記事の筆者は、こんなことをしても世の中の貧富の差はなくならないだとか、こんな慈善は世の貧乏人を堕落させるなどと批判しています。

この論法はいまでも、国や自治体の福祉政策を批判する人が使っているんですよ。百年たっても同じことをいってるのだから、人間って進歩しないものなんですね。

この手の批判の論法は同じです。要するに、チャリティ活動はごく一部の人しか救えないことを問題視しているんです。彼らの理屈だと、一部の人だけを救うのは偽善で、すべての人を一斉に救うのが本当の善だということになります。

でもそれは、非現実的な理想論です。全員を救えるようになるまで、なにもしてはいけないのでしょうか。準備が完璧に整ったところで、いっせいの、せ！　で全員を救わなければそれは不公平で偽善だとでもいいたいのでしょうか。

たとえばだれかが、「電車に乗ってるすべての老人に席を譲れないのだから、だれにも譲るな。一部の老人だけが席に座れて、座れない老人がいるとしたらそれは不公平だから偽善だ」と主張してたらどう思う？

「ばかばかしい。話にならねえッスよ」

「自分が席を譲りたくないのを正当化するために、もっともらしい理屈をこねてるだけじゃないの」

結局のところ、日本人は、寄付や慈善やチャリティをおおげさに考えすぎてるんですよ。なんというか、やるからには徹底してやって、だれもが文句のないような、すべての人がしあわせになるような、理想的な成果を上げなければいけない、と思い詰めちゃってる。失敗したら責任者は切腹だ！　みたいな鬼気迫る感じなんです。

欧米の人たちは、もっとカジュアルに、普段着感覚でチャリティをやってます。ちょっとでもだれかの助けになればいいじゃん、ってな感じ。

たとえばアメリカでは、ゲームズ・ダン・クイックってイベントを毎年やってる人たちがいます。これ、テレビゲームのスーパープレーヤーたちが集まって、一週間くらいぶっ続けで、いろんなゲームの最速クリア記録更新を目指すんです。その模様をネットで実況中継して寄付を募り、さまざまな団体に寄付をしています。

たしか、東日本大震災のときも特別にイベントを開催してくれたはずですよ。なにしろ日本は、外国のゲーマーたちにとっては、ファミコンやスーパーマリオを生み出した特別な国ですからね。見過ごすわけにはいかないと、一肌脱いでくれたのでしょう。

チャリティには、さまざまな方法があるんです。お金を集めるばかりじゃない、奉仕活動だっていろいろあります。偽善だのなんだのっておおげさに考えないで、自分たちができそうなことを思いついたら、やってみればいいじゃないですか。

第3章　知られざる偽善の歴史　誕生編

世界初の偽善批判

さっそくですが問題です。歴史上、最初に〝偽善〟という言葉で他人を批判したのはダレでしょうか？

「有名な人ッスか？」

もちろん。無名の人の言葉は記録には残りませんから、いったかどうか証明のしようがありません。だいいち、だれも知らない人が正解だったらクイズになりません。

「当てたら、何かごほうびがあるんですか？」

かけそば食べ放題。

「よっしゃー！　がんばりまッス！」

「賞品がしょぼーい。やる気が出なーい」

制限時間まで、あと三〇秒。

「ああっ、きったねぇ！　時間制限アリなんて聞いてねぇッスよ。歴史上の人物ってことは……聖徳太子？」

残念。もっと前の時代の人。

「もっと前か。うーん、孔子？」

「うんこ押し!?　ダレそれ？」

「下品なヤツにはチョップ！」

「わあっ！　暴力ふるわれたッスよ。ディベート大会目指すとかいってるヤツが打撃技を使っていいのかよ！」

ハイ、そこまで。正解は、イエス・キリストでした。

「外国人だったか……」

「でもそれ、ホントなんですか？」

あくまで、文字の記録として残っている範囲では、最古の例のひとつってことです。

偽善（ヒポクリシー）という言葉はイエスが生まれる前からあったはずなので、厳密にいえば、イエスより前に他人を偽善者呼ばわりしてた人はいたはずです。ただ、記録に残ってないだけで。

キリスト教の聖典、『新約聖書』のなかで、イエスは何度も相手を〝偽善者〟と批判しています。偽善、偽善者という言葉は二〇回以上も出てきます。

新約聖書は西暦一〇〇年くらいまでに書かれたとされますから、偽善、偽善者という言葉がこんなにたくさん登場する書物としては、かなり古いもののひとつでしょう。

ただし、新約聖書はイエス本人が書いたものではないという点には注意が必要です。イエスは本などをなにも書き残さなかったんです。

新約聖書はイエスの死後、西暦一〇〇年ごろまでに、弟子や信者たちが書いた文章を寄せ集めたものです。だからさらに正確を期すのなら、「歴史上最初に偽善という言葉で他人を批判したのはイエスである、と、その弟子たちが申し立てている」とすべきなんでしょう。

**「ややこしいッスね」**

もっと厳密にいうと、歴史上最初に他人を偽善者と批判したのは、新約聖書のなかの「マタイによる福音書」の著者なのかもしれません。というのは、イエスが〝偽善者〟という言葉をやたらと使ってるのは、「マタイによる福音書」だけだから

です。その他の部分ではあんまり使ってません。もしかしたら、イエスは実際には偽善とはあまりいってなかった可能性もあります。

「じゃあ、歴史上最初に〝偽善〟を使ったのはマタイさんってこと？」

いえ、「マタイによる福音書」の著者は不明なので、マタイさんと限定することはできません。

こういう検証は、細かいこだわりに聞こえるかもしれないけれど、古い書物や資料を歴史的に解釈する上では、とても大事なことなんです。とりわけ宗教関連の書物を取りあげるときは、歴史的事実か宗教上の伝説かを、きちんと区別しておくのが、正しい学問的態度です。

欧米の学校で宗教を教えるときは、こうした区別をとても厳密にしてるのですが、日本の学校教育では、かなりずさんなのが気になります。

さっき亜美さんの答えにあった孔子も、儒教という宗教の聖人です。孔子もイエスと同様に、なにも書き残さなかったんです。

孔子の言葉をまとめた『論語』という書物は、孔子の死後に弟子が書いたものなので、本当に孔子がそういったかどうかは、わかりません。実際、歴史上の事実と矛盾してる記述も多いし。

ところが日本の学校ではそういった歴史背景をきちんと教えず、『論語』を孔子が語ったありがたい言葉と決めつけて、道徳の教材に使っちゃってます。これは宗教教育上も問題があるし、歴史学も無視したやりかたなので、あらためなければいけません。

聖書のなかの〝偽善〟

聖書の内容に関する議論をしてたらキリがないので、とりあえず聖書の申し立てどおり、世界初の〝偽善者〟ユーザーはイエスということにしておきます。

では、彼は聖書のなかで偽善・偽善者についてなんといってるのでしょうか。まずは「マルコによる福音書」の一節から。イエスの弟子たちが手を洗わずに食事をしていると、イエスに批判的な人たちがそれをめざとく見つけます。食事の前には手や身体を清めなければいけないと、むかしからいわれているではないかと、とがめるのです。

するとイエスは反論します。神の教えでなく人のいい伝えを守るあなたがたは偽善者だ。

「？？？」

わからないよね。ここはたぶん、古いマナーの形式にとらわれるな、表面上の形式よりも精神のほうが大切だ、というメッセージを伝えたかったのでしょう。

「だけど、食事の前に手を洗うのは、善悪とか道徳の問題じゃなくて、衛生上の問題だよね？」

われわれ現代人がそう考えるのは、バイキンが病気を引き起こす原因になると知ってるからですよ。病原菌と病気の関連がわかったのは、ようやく一九世紀になってから。イエスの時代の人たちは、まだそういう知識を持ってなかったわけだから、手を洗うことを宗教上の儀式ととらえててもヘンじゃないです。

でもこれは、聖書に出てくる偽善のなかでも特殊な例です。聖書中の偽善のほとんどは、「マタイによる福音書」に集中していますし、そちらの偽善批判はだいたい似通ってます。

あなたは施しをするときには、偽善者たちが人からほめられようと会堂や街角でするように、自分の前でラッパを吹き鳴らしてはならない。

祈るときにも、あなたがたは偽善者のようであってはならない。偽善者たちは、人に見てもらおうと、会堂や大通りの角に立って祈りたがる。

「人前で、これみよがしにいいことをするなってこと？」

「ん？　たしか欧米の人たちは、堂々と寄付やチャリティをやってるんスよね？」

矛盾してますよね。でもそもそも「マタイによる福音書」のべつのところには、

あなたがたの光を人々の前に輝かしなさい。人々が、あなたがたの立派な行いを見て、あなたがたの天の父をあがめるようになるためである。

と書いてあります。信者のみなさんが人前で善行をやれば、それを見た人たちが感心して、天の父、つまり神さまをあがめるようになるよ、といってるんです。

現在でもキリスト教会がおおっぴらにチャリティをやってるし、一般の信者たちもおおっぴらに、かなりの額を教会に寄付してチャリティに協力してるのは、こちらの教えを重んじているからなのでしょう。

キリスト教研究の専門家が書いた『聖書思想事典』によると、イエスが偽善として批判してるのは、おもにふたつなのだそうです。言行不一致——つまりいってることとやってることが矛盾してる状態。それと、自分がいいことをしてるという思いこみ。その二点に気をつけてさえいれば、おおっぴらにチャリティをしても教義に反しないはずだ、という解釈なのかもしれません。

偽善者が主役のフランス演劇

偽善者のわかりやすい例として世界的に有名なのが、一七世紀フランスの劇作家モリエールが書いた『タルチュフ』という戯曲。お芝居の台本です。いまだに上演されることがあるくらい、人気のある芝居です。

タルチュフというペテン師が、信仰の厚い善人を装い、言葉巧みに大金持ちのオルゴンに取り入ろうとする物語です。オルゴンはタルチュフをすっかり信頼してしまい、娘と結婚させようとまでするのですが、じつはタルチュフは財産が目当てなのです。

周囲の人たちはタルチュフの本性に気づき、あいつは偽善者なんですよ、あいつの信心はうわべだけのニセモノなんですよ、とオルゴンを説得しようとするのですが、百戦錬磨のペテン師であるタルチュフの口のうまさが一枚も二枚も上手なので、なかなかオルゴンの目を覚まさせることができません。

**「ディベート大会に出たらチャンピオンだね」**

そしてついに本性をあらわしたタルチュフに財産をすべてだまし取られ、オルゴンは家を追い出されてしまう——という喜劇なんです。

**「それが喜劇？　笑いごとじゃねえッスよー」**

だまされてるのは一家のあるじのオルゴンだけ。家族はみんなタルチュフの正体に気づいていて必死なのに、どんどん悪い方向へ転がっていくさまが、皮肉でブラ

ックな笑いを生むんです。

偽善者を主役に据えたという点で画期的な芝居ですが、ラストではタルチュフが逮捕されてハッピーエンドになるので、やはり偽善に対して否定的な作品といえましょう。

くしくもほぼ同時期に、同じフランスでラ・ロシュフーコーという人が偽善を擁護する言葉を残しているのですが、これについてはまたあとで説明します。

ドイツ哲学と偽善

続いては一八世紀末から一九世紀後半にかけてのドイツです。

哲学や思想の事典類を開けば、〝善〟〝悪〟という項目はあります。それぞれ詳しく解説されてます。善について、悪についてを考察した本なら、世界中にたくさんあります。ところが偽善を考察した本はごくわずかしかありません。

**「偽善、人気ないんだね」**

人気ないんですよー。図書館で哲学・思想関連の事典をかたっぱしからひきまし

たけど、私が見たなかで偽善という項目があったのは、『聖書思想事典』と『現代倫理学事典』の二冊だけでした。

『現代倫理学事典』によると、著作で偽善について触れている有名な哲学者がかろうじて三人いるとのこと。カント、ヘーゲル、ニーチェ、みんな歴史に名を残している大物哲学者です。なぜか全員ドイツ人。

**「おもしろいダジャレを思いついたんスけど、発表してもいいッスか？」**

**「それはきっと、心のなかにしまっておくほうがいいと思う」**

**「……」**

カントとヘーゲルは一八世紀末から一九世紀初頭の人。ニーチェは一九世紀後半の人です。

カントは偽善を、心にもない義務への従順を装うだけの行為だといってます。

ヘーゲルによれば、完璧な正しさなど存在しないのに自分が正しいと確信してなにかをすることが偽善なのだそう。

ただしヘーゲルは、こんにちでは、もはや偽善者のことは語られない、と断言しています。善のフリをするのはいまでは見えすいていて、見抜かれないはずがないから——というのですが、それはちょっと他人を信用しすぎだよねえ。ウソつくのがうまい人だってたくさんいますよ。ヘーゲルはお人好しだったのかな。

そして三人目のニーチェは、なにいってるのか、よくわかりません。

「どういうことッスか？」

ニーチェはアタマのおかしいパンクなおっさんですから、おもしろいんですよ。ファンもたくさんいます。自分が生涯独身だったもんだから、偉大な哲学者はむかしから結婚しないものだ。結婚する哲学者なんてのはお笑い芸人みたいなもんだ、なんていったりしてね。

「すごい決めつけ」

自分で自分を偉大な哲学者といっちゃってるしね。ときどきそういう迷言・珍言がとび出すから、おもしろいっちゃあ、おもしろいんだけど、ずっと話につきあってると、だんだん腹立ってきます。

それはともかく、要するに、自分たちが信じる一面的な善や正義を絶対的なものと信じて、他人にまで押しつけてくる連中を、ニーチェは許せなかったみたいです。

「それならスジが通ってるッス」

善や正義の押し売りはイヤだ、って意見には、私も大賛成です。価値観のちがいを認めずに、自分の正義をゴリ押ししてくるヤツは、よのなかには多いですからね。

悪と戦うのは、じつは簡単なんです。やっかいなのは、自分は正義だと信じて、平気で他人に迷惑をかけたり危害を加えてる人。そういう人と戦うのは、悪と戦うより何百倍も疲れます。

ニーチェの時代のヨーロッパで、善や正義の代表といえばキリスト教です。宗教というものは、自分が信じるぶんには自由ですが、熱心な信者ほど、他人にまで教義を押しつけようとしがちです。ニーチェはそういうのを嫌ったのでしょう。だからキリスト教を偽善だとしつこく攻撃してたんです。

だけどイエス・キリストだって、古い形式や風習に異議を唱えまくったあげくに死刑にされてしまったという、強烈にパンクな人だったわけでね。もしもイエスとニーチェが同じ時代、同じ場所に生まれた同級生だったら、案外、パンクな者同士で意気投合してたんじゃないか、なんて私は勝手に想像しちゃうんですけどね。

いずれにせよ、カントやヘーゲル、ニーチェといった歴史に名を残すような哲学者も、あまり偽善に興味がなかったようで、深い考察は残してません。

日本初の〝偽善〟

「日本で最初に〝偽善〟という言葉を使った人はダレなんですか？」

「おっ、クイズの第二問スか？　今度は当てるぜ！」

いや、これはクイズにはできません。答えは、おそらくきみたちが知らない人だから。絶対当てられない問題出したら、さすがにインチキでしょ。

私が調べたかぎりでは、最初に偽善という言葉を使った日本人は、中村正直です。

「……ダレ？」

明治時代の教育者です。イギリスの哲学者ミルが書いた『自由論』という本があるんですけど、これを最初に日本語に訳したのが中村正直。一八七二（明治五）年に『自由之理』というタイトルで出版されてます。この本文中に登場してるのが、おそらく日本初登場の〝偽善〟です。

人生ノ樸実ヲ第一ニ重ンズベキヿ、及ビ人造ノ偽善ノ風俗ヲ壊リ、

「読めねえ漢字だらけ……」

なんたって明治初期ですからね。日本語の文章もまだ漢文みたいで読みにくいんです。

「ベキのあとのカギカッコみたいな記号は、なんだろう？」

これは一文字で〝こと〟と読むかな文字なんです。明治時代初期にはごく普通に使われてました。いまはひらがなカタカナ、それぞれだいたい五〇文字ずつでしょ。でも明治時代までは倍以上あったんです。

「意味わかんない」

明治中期までは、ひとつの音に対していくつもかな文字があって、どれを使うかは個人の自由だったんです。

だからきみたちにいま明治時代の新聞を渡しても、きっと読めないと思いますよ。見たこともないかながたくさん並んでるから。

「オレ、明治時代の小学生じゃなくてよかったッス。ひらがなカタカナだけでも、そんないっぱいおぼえなきゃならねえなんて……」

ただし、偽善という日本語を作ったのは、中村ではありません。出版された書物のなかで、日本語の単語として最初に使った日本人であろう、ということですよ。

余談ですけど、明治初期の翻訳本を読むと、あちこちに翻訳に苦労したあとが見られます。たとえば〝第十八回百年〟ってどういうことかわかりますか？　当時の日本語には、西洋式の百年単位をあらわす〝世紀〟という単語がなかったんです。

「そっか。第一八回目の百年、つまり一八世紀のことか。苦しいなあ」

なかなか広まらなかった〝偽善〟

ここまでの話をまとめておきます。もともと日本語には偽善という言葉はありませんでした。江戸末期から明治のはじめに、英語のヒポクリシー（hypocrisy）の翻訳語として偽善という言葉が紹介され、日本語に加わったのです。

江戸時代以前の日本の文献をいろいろあたりましたけど、偽善・偽善者という言葉はまったくといっていいほど出てきません。『中論』という古い仏教の書物に登場するらしいのですが、私は確認できませんでした。ま、それはいずれにせよ一般の人が読む本ではないから、社会に与えた影響力はゼロにひとしかったはずです。

「へえ。江戸時代までの日本には、偽善者はいなかったんスか」

その考えかたは飛躍しすぎですね。

言葉がなかったからといって存在しないとはかぎりません。たとえば、「社会」や「自然」だって明治時代に外国語から翻訳されてできた新しい日本語だったんです。だからといって、それ以前の日本に、社会や自然に相当するものが存在しなかったわけではありません。

江戸時代以前の言葉で偽善のニュアンスに近いものというと、名聞なんてのがありました。世間体を気にして、いい人ぶることです。

あとは、こちらも死語になりつつある言葉だけど、〝おためごかし〟という言葉。いかにも相手のためを思ってしてるようにみせかけて、じつは自分の利益のためにやることです。

たとえば、教室の掃除当番をサボりたいから、だれかに押しつけてやらせておいて、オレはおまえにカラダを鍛えてほしいから掃除をやらせてるんだ、なんていったら、それがおためごかし。

むかしの日本にも、いまでいう偽善者に相当する人はいたでしょう。いつの時代にも、いい人、悪い人、立派な人、ダメな人、さまざまな人がいます。偽善者みたいなのだって、いなきゃおかしい。

でも、〝おためごかし〟も、江戸時代にようやくできた言葉らしいですし、文献にもさほど頻繁に見られるわけじゃない。ということは、むかしの日本人は偽善のような概念を、あまり意識してなかったんじゃないかな。

欧米人は聖書を通じてむかしからヒポクリシーという言葉になじみがあったけど、江戸時代の日本ではキリスト教は禁止されてました。だから日本人は聖書の言葉なんて知るよしもなかったわけです。

明治時代に英語からの翻訳で紹介されたことで、ほとんどの日本人は、偽善や偽善者という概念にはじめて出会いました。なんなんだ偽善って？　……なるほどそういうことか、たしかにそれはよくないよなあ……でもそういうことをあらわす言葉があるのって、便利じゃね？　これよくなくね？　みたいな感じで、じょじょに使われるようになっていくのです。

〝偽善〟という言葉はすぐにパーッと広まったわけではないんです。偽善くんには、メジャーになるまでの長い下積みの時代があったのでした。

**「偽善くん、って、勝手にゆるキャラみたいにしないでください」**

〝社会〟と〝自由〟も江戸時代までの日本語にはなかった言葉で、明治時代になってから翻訳されて登場しましたが、すぐに流行語になりました。さまざまな文献に使われて、彼らは、またたく間にスターの座を獲得したのです。

明治時代の朝日新聞記事見出しを検索すると、ライバルとの差が歴然とします。明治一二年から四五年までに、〝自由〟が登場した記事が一万五一一〇件。〝社会〟は五五四三件です。なのに〝偽善〟はたったの一〇件でした。

**「少なっ！」**

デビューからまもなくブレイクして、みんなからちやほやされた社会くんや自由くんに比べ、同期の偽善くんはお茶の間に存在が知られるまでに、何十年もかかっ

てしまうのです。

「いつのまにか偽善くんだけじゃなくて、社会くんとかライバルキャラまで出現してるし」

明治時代前半の文献には、偽善という単語はあまり出てきません。日本初登場と思われる『自由之理』は、当時ベストセラーになったのだけど、偽善が登場するのはわずか二個所ほどしかないので、あまり読者の印象に残らなかったのでしょう。

辞書の〝偽善〟のルーツ

さて、ここらでいったん基本に戻りましょう。わからない言葉の意味を知りたいとき、なにを見ます？

「辞書」

そう。ある言葉がいつごろから使われるようになったかを調べたいときは、古い辞書が役に立つんです。外来語の場合は国語辞典だけでなく、英和辞典なども参考になります。

辞書というものは、その時代に使われている言葉を収録しています。新しい言葉が登場し、いっときの流行で終わらずにみんなのあいだで定着すると、辞書に載ります。逆に、みんながあまり使わなくなった言葉は、辞書から消えていく運命にあります。

辞書は、それが作られた時代の言葉を反映しているので、むかしの古い辞書を時代ごとに見ていくと、ある言葉がいつあらわれたのか、いつ消えていったのかがわかります。辞書は言葉の履歴書なんです。

偽善は外国の言葉を翻訳したものであるとわかってますので、まずは外国語の辞典から見ていきます。

偽善の概念、中身は英語のヒポクリシーの翻訳ですが、その入れ物としての〝偽善〟は、どうやら中国語に起源があるらしい。

時代は日本でいえば幕末、中国の国名が清だったころ、清には『英華字典』――英語を中国語で説明した辞書がありました。貿易のためにやってきたアメリカ人やイギリス人が作った辞書です。

そのなかで、英語のヒポクリシーは偽善者、仮装善徳などと訳されてます。偽善という言葉は、日本語より先に中国語にあったんです。

比較のために、ほぼ同時期、江戸末期の一八六二年に出た日本初の英和辞典『英和対訳袖珍辞書』を見ますと、ヒポクリシーを「上向きを飾ること」と説明してます。偽善という言葉は使われてないんです。

その五年後、江戸時代がもうすぐ終わろうとする一八六七年に『和英語林集成』という日本最初の和英辞典が完成しました。

この辞書を編集したのはヘボンというアメリカ人です。小学校で日本語のローマ字を習ったとき、ヘボン式って言葉を聞かなかった？

**「ああ、はいはい。トイレにヘボーン、って授業中ふざけて歌って先生に怒られたから、おぼえてるッス。あれって、人の名前だったんだ」**

現在使われている日本語のローマ字表記のもとを作ったのが、江戸時代に日本に滞在していたヘボンです。そのヘボンが編集した辞書が『和英語林集成』。基本は和英辞典なんだけど、巻末にミニ英和も収録されてます。

和英のページに〝偽善〟〝偽善者〟という項目はありません。これもまた、幕末の日本では偽善という言葉があまり必要とされてなかった証拠です。

しかし巻末のミニ英和のページには、ヒポクリットという項目があるんです。これはたぶん、聖書にある言葉だからです。ヘボンはキリスト教の宣教師でした。辞書を作ったのも、聖書を日本語に訳して広めるためだったとされるので、聖書に何度も出てくるヒポクリットを日本語にしておきたかったのでしょう。

その日本語訳は、偽善者、偽君子、売僧《まいす》、佞人《ねいじん》と、たくさんの単語が並んでます。ヒポクリティカルには、表裏な、しゃらくさい、不実の訳があてられてます。

古い言葉ばかりだから、サクッと説明しておきます。偽君子は外面だけ立派な人のフリをするヤツ。売僧はお金儲けのことばかり考えてる欲の深いお坊さんや神父さんのこと。佞人は口先だけうまいことといってエラい人に取り入り、悪いことを企むヤツ。

たぶんヘボンは『英華字典』から〝偽善者〟という訳語を借用したんじゃないかと思いますが、それ以外にもずいぶんたくさんの訳語を並べてますね。

幕末の日本人のほとんどは、偽善者という言葉を知らなかったから、ヒポクリットとはこういうことだよ、というニュアンスをわかってもらうために、さまざまな言葉を並べねばならなかったのです。

明治中期の国語辞典

明治中期になると、国語辞典が質量ともに充実してきます。一八八九（明治二二）年から九一（明治二四）年にかけて出版された『言海』という国語辞典。偽善という項目は、ありません。

一八九三（明治二六）年の『日本大辞書』にはあります。偽善は、「うわべばかりの善事」と説明されていて、〝漢語〟つまり中国語起源の言葉となってます。

一八九四（明治二七）年の『日本大辞林』には偽善は載ってません。一八九六（明治二九）年から九八（明治三一）年ごろに出た数種の国語辞典には、みんな載ってました。

この時期、辞書によって載ったり載らなかったり揺れが見られます。ということは明治二〇年代後半は、〝偽善〟という言葉がまさに一般に広まりつつあった時期にあたるのです。

このころ、本当にこれを正式な日本語として認めるかどうか、辞書を編集する国語学者のあいだでも意見が割れていたのでしょう。「偽善はもう日本語として定着したであろう」と考えた人は辞書に載せました。「いや、まだ知らない人も多い流行語の域を脱してない。今後消える可能性もあるぞ」と考えた人は、掲載を見送ったのです。

明治三〇年代になると、ほとんどの学者が偽善を日本語として認めて辞書に載せるようになったのです。

明治後期の英和辞典

では、英和辞典での〝ヒポクリシー〟の日本語訳にはどんな変化が生じていたか。いまいちど確認してみましょう。

一九〇四（明治三七）年、当時よく使われていた『双解英和大辞典』では、ヒポクリシーの訳は佯偽《ようぎ》、偽徳、偽善となってます。あらら？　偽善くん、まだわけのわかんないふたりとトリオを組まされてますね。

「事務所の方針ッスかね」

「偽善に事務所なんてあるかぁ！」

一九一六（大正五）年『模範英和辞典（改訂版）』では矯偽、矯飾、偽善、疑信、表裏反復のなんと五人組ですよ。

「メンバー増えちゃったッスか。でも、偽善くん、センターだし」

「ねえ豪太くんってさあ、硬派なフリをしてるけど、じつは芸能人とかアイドルとか大好きでしょ？」

そして一九二二（大正一一）年。『袖珍英和辞典』では〝偽善〟の一語です。ようやくここに来て、偽善くんは一般市民にもおぼえられ、ソロ活動を許されたのでした。

「やったぜ偽善くん！　下積みの苦労が報われたぜっ！」

「ええい、茶番劇はそこまでだ！」

新聞記事に登場した偽善

次は新聞を使います。朝日・読売の二紙は、どちらも明治時代に創刊されて現在までずっと続いていますから、明治以降のこまごまとした文化史を調べる上で、強力な史料となります。

朝日新聞の紙面に最初に偽善が登場したのは、一八九〇（明治二三）年八月一七日付けの社説でした。

高等師範学校――いまでいう、大学の教育学部です。教師になりたい人が行く上級学校。当時そこに入学するには、学校からの推薦が必要でした。その際には、勉強の成績だけでなく、人物評価も加味することになってました。教師になろうとする者は、知性だけでなく人間性もきちんとしてなければいけない、って方針ですね。

ところがこのたび文部省がその方針を変えて、人物評価による推薦制度をやめたことを、朝日の社説は支持してます。学校推薦に人物評価なんてものがあっても、うわべを取り繕って目上の人にしたがうだけの卑屈な偽善者を増やすようなものだから、と。

これと同様の意見が八年後の一八九八（明治三一）年、『万朝報』という新聞にも載ってます。内村鑑三という思想家の「偽善教育」と題されたコラム（三月六日付け）。ちかごろの学校教育は、儀式だの虚礼だの、表面だけの薄っぺらなことばかりを重んじて中身がない。こんなことでは、空威張りをする不誠実な人間ばかりになってしまうぞ！

内村はクリスチャンでしたから、偽善という言葉になじみがあったのでしょうけど、この時期まだ、偽善は数年に一度くらいのペースでしか新聞紙面に登場しません。しかも政治がらみとか、マジメな話に使われるケースがほとんどでした。

その状況に転機が訪れたのが、一九〇四（明治三七）年六月二四日付け朝日新聞。庶民的な事件ネタの見出しとして偽善が使われた最初の例です。その見出しが、「偽善を施して欲を遂げんとす」。

四一歳の男が、一九歳の若くてかわいい女性に目をつけました。その女性の家が貧しいことにつけこんで、男は恩着せがましくお金を貸します。男のもくろみどおり、貧しいので期限が来てもお金が返せませんでした。そこで借金のカタにとむりやり女性を温泉に連れ出し、よからぬことを企んでいたところを警察につかまったのでした。

**「なにそれー。キモいー。サイテー」**

**「許せねぇ！　出てこい、エロおやじ！」**

もう死んでるから。出てきたら逆にコワいでしょ。エロおやじのことは、いったん忘れてくれるかな。肝心なのは偽善の使われかたのほうなんで。

もともと偽善は、西洋の宗教や哲学、倫理学といった崇高なものごとを語るために使われてましたよね。それがこの時期になると、遠く離れた東洋の日本で、こんなワイドショー的な事件を「偽善を施していやらしいことを企んだ」というふうに使われるようになりました。

じつはこの記事の二年前、一九〇二（明治三五）年に出て評判となった永井荷風の『地獄の花』という小説があるんです。

全く偽善ほど憎むべきものはありません。……私は美しい徳を保つ事が出来ない場合に遭遇したら、快く神の御前に罪の人となって裁判は受けますが、決して決して偽善の罪は犯す事は出来ないです。

こんな感じで、偽善を悪と決めつけるおおげさなセリフや、偽善批判をにおわせるセリフが何度も出てきます。

小説の中身はといいますと、ヒロインに不幸が襲いかかるドロドロ恋愛ドラマで、タイトルもストーリーも、やっぱりおおげさなんですね。さっきのエロおやじの新聞記事は、この小説の影響を受けてたのかもしれません。

さらに数年後、一九〇八（明治四一）年くらいから、今度は読売新聞の読者投書欄などで〝偽善〟が使われてる例がちらほら増えはじめます。ここへきて、一般の人も使いはじめたのです。

辞書の収録例などとあわせて考えると、偽善という言葉が一般庶民にまで広まったのは――偽善くんが本格的にブレイクしたのは、明治四〇年くらいだったであろうというのが、私の説です。

小説のなかの偽善

当時、日本でもっとも有名だったベストセラー作家といえば、夏目漱石です。漱石も一九〇八（明治四一）年に新聞連載した小説『三四郎』で、偽善を取りあげてます。

広田先生というキャラクターが、とても皮肉な調子で、偽善についてユニークな持論を語ります。明治初期には、みんなまだ、親とか国とか社会とか、自分以外のもののためになにかをするというタテマエで生きていた。広田はそれを、みんなが偽善者だった時代というんです。

要するに広田は、タテマエという偽善を大事にしていたむかしの生きかたを評価してるんです。だけど時代が変わるにつれ、〝自分〟というものが強く意識されるようになったので、偽善を張り通せなくなるばかりか、振り子が逆に振れすぎて、悪趣味ともいえるホンネ賞賛・自己中心主義が目立つようになったと。そういう人を広田は露悪家と呼んでます。

露悪家は、相手を嫌な気分にさせるために、わざと偽善的な行為をするのだ、などと、ひねくれた意見を吐くのですが、一方で露悪家を評価するようなこともいます。矛盾した持論をまくし立てて、主人公の三四郎を煙に巻こうとします。

これが漱石自身の偽善観を代弁してたのかどうかはわかりません。でも、偽善とはなにかを深く考えようともせず、一方的に悪いこと、いけないことと決めつけて批判するようになった世間の風潮に、あえて一石を投じてみたくて、偽善を擁護するような意見を登場人物の口からいわせてみたのかもね。

ちょっと時代の流れが逆になりますけど、一九〇二（明治三五）年の『静観録』は、仏教のお坊さんたちが書いた仏教コラム集。この本でも、世間に広まりつつあった、偽善を責める風潮に、待ったをかけてます。

われわれがしてる行為は、意識しようがしまいが、すべて偽善であり、偽善を憎む心もまた同様に偽善であると知ったとき、はじめて真実の善に足を踏み入れたといえるのだ。

「むずかしいなあ」

ちょっとヘリクツっぽいけど、私はとても興味深く読みました。偽善を自分のなかから排除しようとするキリスト教と、偽善さえも自分のなかに取り込んでしまおうとする仏教。それぞれの宗教観のちがいがうかがえます。どちらがいいとか正しいかとかじゃなくて、考えかたの差がおもしろい。

しかし、お坊さんや夏目漱石が放った「偽善ってそんなに悪いもんなの?」という疑問は、人々の心を打つところまではいかなかったようです。

小説の評価としては、漱石の『三四郎』のほうが上ですけど、偽善の解釈に関しては、永井荷風がしていた単純な批判のほうが、世間の人たちには受け入れやすかったのでしょう。

こうして偽善くんは、ますます世間の人たちから嫌われるようになり、ダーティヒーローとしてブレイクしていくのでありました。

新聞投書「浅草の一夜」

さあ続いてご紹介するのは、一九一四（大正三）年の読売新聞婦人面に載った、ペンネーム浅草はま子さんの投書でーす。

「ラジオパーソナリティか」

戦前の新聞投書欄では、ペンネームの使用が認められてたんです。だからほとんどの投書がペンネームで載ってます。それがなぜか戦後になると、どの新聞も方針を変えて、本名でないと掲載してくれなくなりました。

それはさておき、投書をご紹介。

ゆうべ浅草の公園を通りかかると、赤ん坊をおぶったやせこけた女が、飢えのせいか病気のせいか、地面に倒れ込んでいました。そのそばには、女の夫と思われる顔色の悪い男がつきそってます。

周囲には人だかりができてました。はま子さんは貧しい夫婦にお金をあげたかったのですが、あいにく財布を持ってませんでした。

そこへひとりのご婦人が進み出て、男の手にお金を握らせ、なにか囁くと、静かに去って行きました。すると、そばにいた女学生二人組の会話が、はま子さんの耳に聞こえてきたのです。

「あれも虚栄よ。大勢の前でサモ慈善家ぶッてサ」

「ホントね。ああいうのが偽善っていうのね」

はま子さんは憤りとやるせない気持ちを投書につづります。たとえ偽善だろうと、現在飢えている者にとっては、百の同情より手渡された現金のほうがどんなにうれしかっただろうか——。

という投書です。
「その女学生、ムカツくッス。他の人たちも見てるだけでなにもしねえし。よのなかって、つめてぇ人が多いんスね」
「はま子さんや、その場にいた人たちは、なにもしなかったんじゃなく、なにもできなかったんじゃないかな。それってさ、あたしたちが電車でお年寄りに席を譲ろうか迷ったあげくに、いい出すタイミングを逃して、なにもしなかったのと似てない？」
しかし、この場合、状況はかなり切迫してますよ。いまにも飢えて倒れそうな貧しい親子を目の前にしてもなにもしないのは、見殺しにしたのも同然だ、と責めら

れたら？

「なんだかんだいっても、その場でお金を渡すって行動に移したのは、ひとりの女性だけだったんスから、その他大勢は反論できねぇッスよ」

「ふたりの女学生は、お金を渡した女性を偽善者呼ばわりすることで、なにもしなかった自分たちを正当化しようとしたのかも？」

浅草はま子さんはこの新聞投書で、自分はなにもしないくせに他人の善行を偽善だと批判する人間の自分勝手な様を、巧みに描き出してます。純文学の短編みたい。なかなかの文才ですよ。番組のステッカーと、かけそば無料券を送っときまーす。

「ラジオか」

「そのつっこみ、さっきあたしがやったから」

婚約者は偽善者

その七年後の一九二一（大正一〇）年。読売新聞の身の上相談コーナーに、一八歳の女性、ペンネーム桜草さんが相談を寄せてます。

桜草さんは、半年ほど前に二七歳の大学生と婚約しました。とてもマジメな男で、卒業を待って結婚する運びとなりました。家族もこぞって大賛成。結婚前ですが、男はすでに桜草さんの実家に越してきて家族同然に暮らしています。

そんなしあわせいっぱいだったある日、男宛てに故郷から、こどもの筆跡とおぼしき手紙が届きました。不審に思った桜草さんが調べると、なんと！　手紙の差出人は男の隠し子だったことが判明しました。

故郷にいたころの婚約者は、親のカネで女遊びに明け暮れる、とんでもなくチャラい野郎だったのです。

男との婚約を解消すべきかどうか迷う桜草さんに、身の上相談の回答者は、こうアドバイスします。婚約者が過去ときっぱり決別しているならともかく、現在もやはり偽善者で、善良な人になってないなら、いまのうちに別れたほうがいいでしょう、と。

**「うちのママは、こういう話にすごい食いつきそう。昼ドラとか韓流ドラマとか、毎日見てるもん」**

大正一〇年くらいになると、もう偽善という言葉で哲学や倫理を語りあうなんて

風潮は完全にどこかへ消え去ってしまいました。

大正時代の庶民にとって、偽善者とは、ろくでなしとか、いけすかないヤツみたいな意味でしかなかったようです。

「あれ？　桜草さんには、ステッカーあげないんスか？」

第4章　知られざる偽善の歴史　成り上がり絶頂編

中野好夫の「悪人礼賛」

明治初期に登場したものの、世間の人に存在を知ってもらえるまでに苦節四〇年近くかかったというのに、有名になったときには、すっかりダーティなイメージが定着していた偽善くん。そのキャラは、昭和になってもそのまま続いたのでした。

戦前の太宰治などの小説にも、偽善という言葉はちょいちょい登場していますが、おしなべて、悪いもの、批判されるべきものというイメージで使われています。

人間の心理や行動、言葉について深く考えて、思いもよらぬ新鮮な切り口を見せてくれるはずの小説家でさえ、偽善のイメージに疑問すら持たなくなっていたのです。

世間からすっかり悪者扱いされてしまった偽善くん、やさぐれて自暴自棄になったあげく、酒とギャンブルに溺れ……

**「それはないっつうの」**

そんな偽善くんの暗い歴史にはじめて大きな転機が訪れたのは、ようやく戦後に

なってからのことでした。

一九五〇年代から六〇年代にかけて、日本の知識人のあいだから、偽善の価値を見直し、偽善をすすめる論調が続々登場してきたのです。

「マジッスか！」

長年にわたって悪役としてさげすまれていた偽善くんの大逆襲が、ここにはじまります。

先陣を切ったのは、評論家・文学者の中野好夫。一九四九（昭和二四）年に発表された『悪人礼賛』というコラムで偽善を讃えてます。

> 近来のぼくは偽善者として悪名高いそうである。……ぼくは非常に嬉しいと思っている。……二十代以来は、いかにして偽善者となり、いかにして悪人となるかに、苦心修業に努めて来たからである。
>
> …［中略］…
>
> 世のすべての悪人と偽善者との上に祝福あれ！

「信じらんない。偽善者がべたぼめされてるよ」

「どういう風の吹き回しッスか。でも悪人も偽善者もほめてるってことは、その人はすべてを認めるっつう、心の広い人なんスか？」

いいえ、中野は決して博愛主義者というわけではありません。中野にも嫌いな人間はいました。彼が批判の対象としてたのは、善意の善人。つまり、自分はいいことをしてると信じて疑わない純粋な人たちのこと。

ただしこれ、原文がとても短いコラムなので、具体的な話が書かれてません。文章から推測するに、どうやら戦時中か戦前の体験が下地にあるようです。

中野は近所の人たちがやったなんらかの行為に迷惑し、抗議したらしい。ところがその相手は、自分の行為を純粋な善意でよのため人のためにやってると信じて疑わない人でした。だから自分の善意を迷惑と批判する中野を悪と決めつけた。私は善意でやってるのですよ。迷惑だなんて身勝手な。あなたは私の善意に感謝するべきです！

そんな経験から、中野は善人を嫌うようになったらしい。

中野はこう主張します。悪人や偽善者には、自分が悪いことをしてるという自覚があって、自分なりのルールに則って行動してる。だからルールを理解して警戒していれば悪人とつきあうことができる。

しかし自分は絶対正しいと信じこんで行動してる善人は、ルールでなく信念や信仰みたいな動機で行動してる。彼らは、善意の自分を批判したり敵対してくる者は絶対に悪だと決めつけてしまうから、ルールを無視した卑怯な手段で攻撃してくる。

私は何十年も生きてきたので、まさにこれだな、と思い当たる事例をいくつも知ってます。善意の善人と戦うやっかいさは、いまもむかしも変わりません。

善意の善人にとっては自分の善意だけがすべてです。よのなかにはいろいろな〝正しさ〟があるということを理解できない人たちなんです。

ディベートや議論というものは、人それぞれに、ちがう考えが存在するという前提があってこそ、成立するんです。正しさがひとつしかないのなら、議論の余地はありません。

だから、正しさがひとつしかないと信じている善意の善人には、論理的説明もディベートも通用しないんです。互いの考えのちがいを尊重できないとなったら、あとはもう、暴力しか決着をつける手段が残されていません。

こういう恐ろしさを、中野は見抜いて警告してたんだと思います。

その四年後、中野はそのものずばり『偽善』というコラムを発表します。

　まさにぼくは偽善者であり、偽善者たらんと欲するものであり、さらにまた進んでは偽善の必要をすら言いたいものである。

四年後にも偽善者礼賛が続いてるとこを見ると、単なる気まぐれや開き直りではなく、本気だったみたいですね。自分は偽善者だ！　と前向きにカミングアウトした最初の日本人として、中野をもっと評価してもいいのかもしれません。

ただ、礼賛のしかたにも、ちょっと心境の変化が感じ取れます。

中野は、人間は完璧な存在にはなれないといいます。人間は救いがたいほど醜くて弱くてずるくてスケベである。もちろん自分もそうなのだ。その欠点を完璧に克服することは不可能だ。でもだからといって、それをありのままに見せることが誠実だとは思わない。欠点を克服したいと願い、克服しているかのように装うのが偽善であり、そうあるべきだと。

「完璧ないいひとになるのはムリだけど、いまよりちょっとだけいいひとになろうって気持ちだけは持てよ、ってことだよね」

「やっぱ偽善くんって、けっこういいヤツっぽくねえッスか？」

福田定良の「偽善者礼賛」

続いて偽善擁護に名乗りを上げたのが、哲学者の福田定良。まずは一九五四（昭和二九）年、雑誌に「偽善者礼賛」を発表します。

しまつが悪いのは決して偽善者ではない。おれは偽善者でない、などと思っている人たちこそ、ほんとは、くわせものなのだ。

ここはさっきの中野好夫と同様の意見ですが、もちろん独自の考察もあります。

偽善者は決して悪人ではない。単に、オモテとウラとではちがったところのある人間であるにすぎない。

福田はある記者から質問されたそうです。時と場合によって、発言内容にブレや矛盾がある人間についてどう思うかと。

どうやらその記者は、人間の主義・主張はつねに一貫しているべきものだと考えていたようです。発言がブレるのは、そいつがホンモノでない証拠、偽善者である証拠だとみなすのです。

福田はその考えかたに異を唱えます。主義・主張にブレがあるのが、あたりまえ。つねに主張が首尾一貫している人なんていやしない。主張が矛盾してるのが偽善者なら、偽善者でない人間などいないだろう。

大学で教えている福田は、学生には西洋の古典を読めといいながら、自分は浪曲みたいな庶民の娯楽を聴きに行く。だから自分は偽善者だ。

普段は政治のことなんか考えもしないくせに、選挙のときだけ投票に行くヤツも偽善者だ。

人間なんて、みんなそんなもんですよね。

「おや？　あたしの記憶が定かなら、つねにスジを通すとかいってる人が、ご近所にいたような気がするなあ。ご立派な人ですよねえ」

「悪かったなー！　そうだよ、オレはスジを通そうとがんばっても、結局ブレちゃうんだよ。ブレ山ブレ男と申します。よろしくお願いします」

「なんか開き直りかたがおもしろいから、許す」

福田も批判だけで終わらせずに、人間味のある提案をしています。他人の偽善をやさしくいたわり、自分の偽善をきびしくおさえる。それがこれからの時代の正しい生きかたなのだ、と。

すべての人間は偽善者である

こういうことを踏まえて、翌年出版した単行本『偽善の倫理』では、ついに福田はこう宣言します。

すべての人間は偽善者である。

中野好夫が日本ではじめてポジティブに偽善者宣言をした人だとすると、福田はさしずめ、偽善という概念に向きあって、きちんと考察した最初の日本人といえるかもしれません。

実際、この『偽善の倫理』を読んでみますと、偽善に関する重要な考察を、ほぼやってしまってるんじゃないかってくらいに充実した内容に驚かされます。想定できる偽善批判のほとんどを検討して、納得のいく反論をしているんですね。

これを読まずして偽善を語るな！　いま、偽善や偽善者を批判してる人たちは、すぐさまこの本を読むべきです——といいたいところなんだけど、こんな名著が絶版で文庫本にもなってなくて、図書館か古本屋に行かないと読めないというのは、はなはだ残念です。復刊されれば、目からウロコが落ちまくる人が、日本中に続出するはずですよ。

偽善の罠

「おまえは偽善者だ！」という批判には、意地の悪い仕組みがあると福田はいいます。人はみんな多かれ少なかれ偽善的な行為をやってます。すべての人間は偽善者です。だからそもそも、「おまえは偽善者だ！」といわれると、否定できないんです。もしも「私は偽善者ではない！」と反論したらどうなるか？　その人は完璧な善人か、完璧な悪人のどちらかということになってしまいます。

「完璧な善人も、完璧な悪人も、いるわけないッスよ」

そのとおり。だからおまえは偽善者だ！　といわれたら、たいていの人は、はい、そうです、と認めるしか選択肢はないんです。

「うわ。インケン。そう答えるように仕向けてあるんだ」

誠実で控えめな人ほど、この罠にかかる率は高くなります。オレ、生まれたときから善人だから、なんて、誠実な人にはいえるわけがない。かといって、自分は根っからの悪人だ、と悪を気取るのもムリですからね。

**「パオロさんなら、どうします？」**

この罠から逃げるのはなかなか困難ですね。前に、議論では質問をするほうが絶対有利だと教えましたよね。そのテクニックを応用して、「私は偽善者ですけど、それがなにか？　私が偽善者であることで、あなたになにか迷惑をかけましたか？　他人のことを偽善者呼ばわりするあなたは何者なのですか？　完全無欠の善人なのですか？」と相手に逆に詰め寄りましょうかね。

ちょっと考えればわかることですが、「お前は偽善者だ！」と他人を批判してる人も偽善者なんです。そこに気づかせてあげたら、どんないいわけや反論が返ってくるのか、聞いてみたい気もします。

偽善と化けの皮

続いても、『偽善の倫理』から。

ある人物が偽善者とよばれるのは、彼の偽善性が他人に気づかれたときである。

「ん？　どういうことッスか？」

そのとき、私たちは、彼が猫をかぶっていたとか、彼の化けの皮がはがれたとかいって、憎悪や嘲弄の言葉を投げかける。

……［中略］……

だが、これは偽善者を遇する正しい道とはいえないであろう。なぜなら、私たちは、彼の偽善性が暴露されるまでは、彼のかぶっていた化けの皮に好感を寄せていた筈だからである。

「偽善者だとバレてなかったときは、みんなその人をいいひとだとほめてたくせに、バレたら急に手のひら返して、ってことだよね」

「えっ、まさか、偽善はバレなきゃいいってことッスか」

のみ込みが早いねえ。そうです。偽善は、偽善とバレないうちは〝善〟なんですから。

となると、偽善者にならないための方法は二通りあることになります。ひとつは、化けの皮をかぶり続けること。

この方法を勧めてるのは、マキャベッリというイタリア人。彼が一六世紀初頭に書いた『君主論』って本には、こうあります。国を治める君主は善人である必要はないが、国民の信頼を得るためには善人のふりをすることが絶対に必要だ。

つまり、君主たる者は、積極的に偽善者であれと勧めているわけです。中野好夫はこれを「じつに嬉しいではないか」と評価しています。

ミもフタもないって感じだよね。そりゃあ、王様はだれもが慕うような立派な善人であってほしい。それは理想です。でもそれを期待するのは現実にはムリでしょう。

会社の社長だって、善人で経営がウマい人なら最高です。だれだって、そういう会社に就職したいよね。けど、現実にはそんな社長ばかりではありません。

A社の社長は善人だけど経営がヘタ。会社はいまにも倒産しそう。給料も少ない。

B社の社長は偽善者だけど経営がウマい。会社は安泰で、給料もたくさんもらえる。

さて、現実問題として、どちらの会社に就職するかとなったら、きっとほとんどの人はB社を選ぶんじゃないですか。

作家の三島由紀夫もおそらく『君主論』を読んで影響されたひとりだったのでしょう。当時の日本の皇太子、つまりいまの天皇陛下に宛てた手紙という形式のコラムで、最高の偽善者になってほしいと書いています。

一九六六（昭和四一）年一月九日付け朝日新聞に「偽善のすすめ」を書いた文学者の渡辺一夫も、マキャベッリ派。何百万人もダマせるように、徹底的に偽善者になれ、と檄を飛ばしてますけど、この人、自分で実践してた様子が見られないので、大風呂敷広げてるだけって感は否めないかな。

偽善者でなければしあわせなのか？

偽善者にならないためのもうひとつの方法は、最初から化けの皮をかぶらないこと。自分のいい面も悪い面も包み隠さずさらけ出してしまえば、偽善者になる心配はなくなります。
ちょっと、よさげな考えに思えませんか?

「うん、自然体でいいかも」

そう、まさに自然体。これこそが、人間らしい自由な生きかたなんじゃないだろうか。

でも、こちらの方法を勧めてる人はいません。不思議ですね。

福田定良も、疑問を投げかけてます。たしかに、すべて本当の姿をさらしてありのままに生きたら、その人は偽善者とはいわれないだろう。でも、それでしあわせになれるのだろうか。

偽善、ヒポクリシーの語源はギリシャ語の〝演技〟です。人はだれでもなんらかの役割を演じてるんです。いろんな化けの皮を、とっかえひっかえかぶりながら生きているんです。

きみたちは家庭ではこどもとしての役割を演じてるけど、学校に行くと生徒になります。家と学校でまったく同じ態度は取らないでしょ? 場面が変わるたびに、無意識に、こども役と生徒役を演じわけてるんです。

**「じゃあ、あたしも女優？」**

そう、人は生まれつき、みんな俳優なのです。人は社会のなかで、つねにさまざまな仮面をかぶりながら生きてます。素顔でいるのは、自分ひとりでいる時間だけかもしれません。

きみたちの父親はきみたちと接するとき、父親らしくふるまおうとしてるはずです。でも会社に行けば、会社員としてふるまいます。部下に対しては上司の役を演じるし、上司に対しては部下の役を演じます。ひさしぶりに同級生に会えば、童心に返って友だちの役割を演じます。そういう切り替えを、意識せずにみんなやってます。

**「うちの父ちゃんは例外ッスよ。オレが生まれてまもなく、母ちゃんとオレを置いてどっかに行っちまったんだから」**

なるほど。豪太くんのお父さんは、父親としての役割を演じることをやめてしまったんですね。その演技が本当の自分ではない、と思ったのかもしれません。いやいやながら父親役を演じる自分の姿が偽善的に思えたのかもしれない。

もしも——本人に聞いてみなければわからないから、もしも、ですよ。お父さんが本当の自分の姿に忠実に、自分をさらして生きる選択をしたのだとしたら、お父さんは偽善者ではないのかもしれません。とても自分に正直な人ということになります。

逆に、本当は父親として生きることなんかイヤなのに、そのままずっと〝いい父親〟としての演技を続けて家族とともに暮らしたら、彼は偽善者だということになります。

いったい、本人にとって、どちらがしあわせなのか。

家族にとっては、どちらがしあわせなのか。

父親らしいことをひとつもせず、自分をさらしてありのままに生きる父親であっても、家族としては一緒に暮らしてほしいものでしょうか。それで父親自身はしあわせなのでしょうか。

あるいは、意に染まないのに〝いい父親〟を演じ続ける偽善者の父親と一緒に暮らしてたら、彼自身も家族もしあわせなのでしょうか。

偽善者をやめたら、みんなしあわせになれるのでしょうか。それとも、偽善者であり続けるほうが、みんなをしあわせにできるのでしょうか。

「そんなの、わかるわけないよ……」

「……」

あ、豪太くん、ムリに答えなくていいですよ。私はいま、論理的な可能性を述べただけです。この問題に正解なんてありません。実際にきみのお父さんがどういう考えにもとづいて行動したかなんて、他人にわかるはずがない。いえ、本人にだってわからないかもしれません。

「パオロさん、気ぃつかわなくていいッス。オレの答えは、もう出てるッスから。オレ、生まれてからずっと、母ちゃんとふたりで暮らしてきたけど、自分を不幸だと思ったことは一度もないんスよね。ムリしてるわけじゃなくて、これマジで。父ちゃんを恨んだこともねえし。不運だな、って思うことはあっても、不幸じゃねえよな、って……あれ？　不運と不幸って、ちがうッスよね？」

全然べつのものです。

「父ちゃんが自分に正直に生きたのなら、オレはその生きかたを認めるッスよ」

豪太くんがスジを通したがるのは、じつは父親譲りなのかもしれませんね。

第5章　知られざる偽善の歴史　暗雲凋落編

まだまだ続くよ、偽善肯定論

こないだは、偽善肯定派のツートップ、中野好夫と福田定良が一九五〇年代に繰り広げた華麗なるプレーの数々を紹介しました。

一九六〇年代に入っても、偽善を肯定する流れはまだまだ止まりません。

作家・評論家の中村光夫は、『爆裂弾記』（花田清輝・作）という舞台芝居の批評でこんなことを書いてます。

原始時代ならともかく、現代の文明国では、人間はありのままでは生きられない。ぼくらは自分になにかの粉飾をほどこし、仮面をかぶって生きなければならない。その仮面は、一切の自分よりいいか悪いかだ。つまり人が生きるということは、偽善者か偽悪者のどちらかを選ぶことなのだ。

この人は偽善を積極的におすすめしてはいないんだけど、演技としての偽善は理解しています。どうせ人はみんな偽善者か偽悪者のどちらかにしかなれないんだから、偽善も偽悪も認めるしかないじゃないかとする意見。消極的な偽善肯定論者ですね。

丸山眞男とラ・ロシュフーコー

そして六〇年代、思想界の大物が偽善肯定陣営に加わります。政治学者の丸山眞男が、雑誌に「偽善のすすめ」を発表したのです。丸山眞男って、知ってる？

「学者の知りあいなんて、ひとりもいねえッスよ」

「そういう意味の知ってるじゃないっつうの」

日本の大学入試の国語長文読解問題に、たびたび彼の文章が使われることでも、丸山は有名です。亡くなってからけっこうたつのに、根強い人気があるみたいね。ま、人気者には批判者も多いんですけど。

私は丸山の著書や対談集は数冊読んだだけです。たしかに文章がやや難解で、なるほど大学入試レベルだなあって思うけど、いってることはわりとマジメで常識的。思想家にありがちな、わざととんがった説を述べて他人とのちがいを際立たせよう、みたいなところはあまり見られないなというのが、私の印象です。

で、その丸山の「偽善のすすめ」ですが、彼の偽善観を分類するなら、ラ・ロシュフーコー派でしょうか。

「その名前、前にどっかで聞いたような」

一七世紀フランスのところで出てきた人です。ラ・ロシュフーコーとは何者かと聞かれても、よくわかりません。正式な職業・肩書きはなにかといわれたら、〝貴族〟なんですかね。

皮肉の利いた格言ばかりいってたことで有名になった人なんです。それをまとめた本が評判になって歴史に名を残しました。皮肉と毒舌をウリにする芸人みたい、ってのはいいすぎか。

そんな彼のネタのなかで、もっとも有名なのが、「偽善は悪徳が美徳に捧げる敬意のしるしである」。この格言を引用したコラムや本は数知れず。数百年たった現在でも、たびたび見かけるくらいです。

「どういう意味なんスか？」

もしも私が、百パーセントの悪いヤツだったとします。道徳も情けも一切持たず、自分の利益や楽しみを百パーセント優先して、そのためには平気で他人を傷つけるような人間だったとしたら。

もしそうなら、私は一切いいことをしないはずですよね。電車で老人に席なんか譲らない。自分が損してまで譲る理由などないから。それどころか、座っている老人を引きずりおろして自分が座ります。募金なんて意味不明。逆に街頭募金をしてる中学生を脅して募金箱を奪い、酒でも飲みに行きます。

このように、純粋なホンモノの悪人は、悪のかぎりを尽くします。偽善などひとつもやるわけがないんです。

ということは逆にいうと、悪人と思われてる人が偽善的な行為をたまにでもしてるのなら、そいつのなかに善のかけらがあるってことではないでしょうか。善や美徳の価値を認める気持ち、敬意を払う気持ちがある証拠と見てもいいんじゃないか。という意味のことを、ラ・ロシュフーコーは短い文章でズバッといい当てたんです。

丸山もそれにならって、偽善をすすめる理由を説明しています。

偽善は善の規範意識の存在を前提とするから、そもそも善の意識のない状態にまさること万々だからである。動物には偽善はないし、神にも偽善はない。

偽善こそ人間らしさ、もしくは人間臭さの表徴ではないか。

ほら、使ってる言葉は〝規範意識〟だの〝表徴〟だのと、大学入試問題レベルだけど、いってること自体は、そんなにむずかしくないし、常識的でマジメでしょ。丸山は、さらにマジメにたたみ掛けます。偽善を笑うのは簡単だ。でも、それでホントにいいのだろうか？

その例として、江戸時代の学者、本居宣長の著書『玉勝間』を取りあげます。先にことわっておくけど、その本で本居宣長は〝偽善〟という言葉は一度も使ってません。江戸時代にはまだ〝偽善〟という言葉がなかったことは、以前に検証済みです。ここでも、そういう趣旨のことを書いてるというだけです。

うまいものが食いたい、おしゃれしたい、金持ちになりたい、人から尊敬されたい、長生きしたい、といった気持ちこそが、人間だれしも持っている本心だ。その本心を隠してうわべを飾るのは、偽りである。

たしかにここだけ読むと、本居が偽善を笑い、スカしてんじゃねえよ、もっと欲望のままに生きようぜ！　ベイベー！　とけしかけてる露悪的・偽悪的な人みたいに思えます。

でも、読者にそう思わせたとしたら、丸山はちょっとズルい。なぜなら本居はこの文章をこう締めくくっているからです。

――とはいうものの、うわべを飾っていいひとぶるのは、いつのよでもあることだから、そんなに責めなくてもいいか。

**「あー。丸くおさめてる。ひよってる」**

本居宣長は、たしかに偽善的な態度の人を皮肉ってるけど、人間ってそういうもんだよね、と人の弱さも認めてるんです。

**「柳家つばめの落語論と似てねえッスか？　弱い人間をとことん追い詰めないで、許してやるっつう」**

なるほど。いい着眼点ですね。だけど丸山はもうちょっと追い詰めちゃうんだなあ。なにしろマジメだから。

丸山の「偽善のすすめ」は、こんな感じで締めくくられます。政治家の汚職や国会での強行採決なんて悪いことがまかりとおっているけれど、それをよのなかそんなもんさ、と冷笑して悪を認めていいのか？　偽善と承知で悪いことは悪いと批判したほうが、少しはよのなかがよくなるんじゃないの？　悪よりは偽善のほうがましなんじゃないの？

世間の主流は偽善否定

ここまで偽善を認める意見やすすめる意見ばかり紹介してきました。でも、それが当時の日本の多数意見だったとは、思わないでくださいね。

当時も世間の大多数の人は、偽善を認めず、偽善を嫌っていました。偽善者呼ばわりされたら、たいていの人たちは怒ったことでしょう。

だからこそ、偽善の隠れた効果に気づいた一部の評論家や学者たちが、世間の常識にくさびを打ち込むべく、言論活動をしていたのです。

では偽善批判派は、どんな発言をしていたのでしょうか。評論家・翻訳家の福田恆存は――おっと、紛らわしいな。『偽善の倫理』で積極的に偽善を肯定してたのは福田定良です。今回登場したのは同じ福田だけど、まったくの別人。区別するために、こっちの人はツネアリと呼ぶことにします。

ある政治家の汚職が発覚しました。逮捕されるのも時間の問題だと情報が流れた途端、その政治家は急病で入院しました。

**「ウケる。都合のいい体質だなあ」**

もちろん、逮捕までの時間稼ぎなのはミエミエです。国民全員がお見通し。だけど絶対病気じゃないと断言できますか？　本人が体調不良を訴えていたら、仮病の可能性があっても病院は受け入れざるをえません。

**「卑怯なヤツだ！」**

当時もそう憤った人がいたんでしょうね。議員が退院するとわかると、病院に人が集まりました。ほとんどはマスコミだろうけど。

ツネアリは「偽善と感傷の国」で、議員が病院から出てくると、群衆が担架に襲いかからんばかりに悪罵のかぎりをつくしていた——と書いてますが、私がその事件を当時の新聞雑誌で確認したところ、そんな様子を報じてた記事はひとつもありませんでした。

しかも、ツネアリはその場に取材に行ってないようなので、この話はかなり盛ってある可能性が高いです。まあ、盛ったぶんを差し引いても、ヤジをとばすヤツくらいはいたでしょう。だからヤジウマっていうんでね。そういうのも庶民の楽しみです。

でもツネアリは、そういう庶民を批判するんですね。絶対反撃してこないとわかっている相手に対して、悪口を投げつける卑屈な弱者たち。そんな行為を正義と思ってるのなら、偽善もここに極まれり、と。

「うーん、それもわかる気がするけど」

だけど、この議員は以前にもべつの汚職事件で有罪になってます。前科があるのに議員を続け、性懲りもなくまた汚職をやってたことが発覚したんですよ。それでも擁護しますか？　当時の庶民はそれを知ってたんだから、怒って当然ですよ。

なのにツネアリはその議員の懲りない悪行を一切批判することなく、どこか醒めた目で見ています。政治家なんてそんなもんさ、それを鬼のクビ獲ったみたいに責める庶民こそ偽善者だぜ、ってな感じで斜に構えてます。

丸山眞男が「偽善のすすめ」で危惧していたのは、まさにそういう態度が世間に蔓延することです。偽善とわかっていても、悪いことは悪いと批判しなければ、どんどんよのなかは悪くなっちゃうんじゃないの？　偽善を恐れるあまりに悪を気取ったり悪を認めたりしていたら、とんでもないことになっちゃうんじゃないの？　むろん、病院にまで押しかけて罵声を浴びせるような行為があったらやり過ぎです。でも偽善を否定してるうちに、だんだん〝善〟や〝正義〟に対する感覚までマヒしてしまったら、それも大きな問題です。

七〇年代は消極的な偽善肯定

さて、時代は一九七〇年代に入ります。偽善にまだ理解があった最後の時代です。偽善を積極的に力強くプッシュした人が続出した五〇・六〇年代に比べると、七〇年代の偽善評価は消極的になりました。

評論家・加藤周一の意見。政治家に期待できる最高の美徳はおそらく偽善だろう。偽善は少なくとも善に対して敬意を示しているのだから（『朝日新聞夕刊』一九七六年一〇月八日付け）。

肯定してるけど、消極的ですね。

アメリカではじまって世界中に広まったロータリークラブという社会奉仕活動が

あります。ただこれ、参加メンバーはみんなお金持ちや有名人なんです。そういう人たちが社会奉仕をやると、売名だ、偽善だ、と批判されがちなのですが、倫理学者の勝部真長はそれに反論しています。

> 社会奉仕が偽善だとしても、なにもしないよりは、はるかにましだ。ただし、善意が長続きするためには、どこかで適当に要領よく偽善で済まさないと、やっていけないのが現実だ。私財をなげうって奉仕するなんてのは非現実的で、だれにもできやしないのだから。

ところで、こんな偽善批判もあります。

> テレビは毎年八月の終戦記念日や、広島・長崎の原爆投下の日が近づくと、太平洋戦争のネタを取りあげて放送し、反戦気分を盛り上げようとする。普段は戦争のことなんかちっとも考えないくせに、一年に一度だけ戦争の話をして反戦を唱えてるなんて、偽善じゃねえか！

「辛口な意見にも思えるけど、よく考えると批判のための批判。なにを主張したいのかわからない」

**「でも、一年に一度だけ反戦を叫んで満足してたら、やっぱ偽善っていわれてもしかたねえ気もするッス」**

ジャーナリストの岡本博は、一九七七（昭和五二）年刊行の『偽善への自由』の中で、戦争ジャーナリズムについてこう語ってます。テレビや新聞は、日々起こっている事件や社会問題を最優先で取りあげて報道しなければならない。だからたとえ普段から戦争ネタ、反戦ネタについて考えていて、それを報道したくても、なかなかできるものではない。

だいいち、読者や視聴者の大半を占める大衆が、戦争ネタばっかり年がら年中放送することを本当に望んでるのか？　そんなわけがない。

終戦記念日に合わせれば、普段は通らない戦争もののドキュメンタリーなどの企画も通りやすい。たとえ偽善といわれようと、年に一回でもそういうものを放送できれば、不戦運動を持続させる活力になるし、なにもしない善よりもまだましだ。それが偽善の効用なのだ、と。

偽善が大嫌いな雑誌

偽善を認める意見もまだあった一方で、偽善を否定的な意味で使っている文章が目立ちはじめたのも、七〇年代でした。

なかでもとても熱心に偽善叩きに精を出していたのが、雑誌『週刊新潮』。どれほど熱心だったか。記事の見出しに〝偽善〟という言葉をどれだけ使っているかを、国会図書館のデジタルデータで検証してみました。

国会図書館は、だいたい一九九九年までに日本で発行された雑誌のうち、主要なものをデジタル化しています。そのシステムで、見出しに〝偽善〟を使った記事が載ってる号がどれだけあるか検索しました（二〇一二年九月に検索）。

週刊新潮　54冊
週刊文春　9冊
諸君！　8冊

二位以下を大きく引き離してダントツで多いことがわかります。

なぜそこまで偽善を執拗に目の敵にするのか？　記事に目を通して見たのですが、正直いって、わかりません。それ以前に、なにをもって偽善とするのかが、はっきりしないのです。

『週刊新潮』に最初の偽善批判記事が載ったのは、一九六九（昭和四四）年一〇月一一日号。このころ、タクシーの運転手さんには、態度の悪い人や乱暴な人がいまよりずっと多かったんです。とりわけ問題とされたのが、行き先が近距離だと儲からないので乗車を拒否する運転手の存在でした。

そんななか、東京の繁華街で、タクシー乗車拒否追放運動をはじめた男がいました。テレビや雑誌は彼の活動を取りあげ応援していたのですが、ある日、その男がサギの容疑で逮捕され、なんと前科一〇犯のサギ師だったことが明らかに。

週刊新潮は、この男と、彼を応援してたマスコミを偽善者だと批判します。たしかにサギは犯罪だから批判されて当然としても、乗車拒否反対運動は実際にやってたんだし、その活動まで偽善と批判するのはどうなんでしょうか。
それこそラ・ロシュフーコーのいうように、このサギ師は善に敬意を払う気持ちがあったからこそ、偽善と承知で活動してたんじゃないのですか。それとも、偽善なんかするヒマがあったら、本業のサギをもっとしっかりやるべきだ、とでも？

「それはスジの通しかたがまちがってるッス」

一九七三（昭和四八）年一〇月一一日号では、他誌に先駆けて偽善特集を組んでます。「ワイド特集　偽善のポーズ」。

この年の四月、国立の医大が三校新設され開校したが、法改正の不備により、授業開始が一一月になってしまった。でも一期生の学生も四月から入学したものとみなし、普通に卒業させる予定だと文部省が決めた。それは偽善だ！

米軍の空母艦載機が日本の基地へ飛んでくることに反対して騒いでる人たちがいる。それは偽善だ！

通産省の役人が、企業の人たちに料金や食事代を払ってもらってゴルフを楽しんでいる。それは偽善だ！

中央競馬会が競馬の馬券を電話で買えるようにするサービスをはじめるという。そんなことをやって、主婦や高校生にギャンブルが広まったらどうするつもりだ。それは偽善だ！

「なんでもかんでも偽善にしちゃってない？」

医大の授業開始が遅れたというけど、学生たちは半年間授業がなかった分、その後の冬休みや二年生の夏休みを返上で授業にあてれば、遅れを取り戻すことは不可能ではありません。

米軍に反対する人がいてもおかしくはないでしょう。なんにでも賛否両論あるのだから。

役人が接待ゴルフをするのは、法律で禁じられてる行為ですから、事実なら偽善うんぬんでなく、処罰すればいいだけのこと。

主婦や高校生を心配してるけど、現実にギャンブルで身を持ち崩してるのは、ほとんどがオトナですよ。先にそっちをどうにかしたらどうですか。

要するに、自分たちが批判したい対象に〝偽善〟という悪をイメージさせるレッテルを貼ることで、手っ取り早く自分らの主張を正当化しようとしてるんですよ。

それこそが偽善だ！　とだれもいわなかったのかな。

八〇年代・偽善氷河期の到来

五〇・六〇年代の、偽善の効能が評価されたしあわせな時代は終わりました。七〇年代以降、偽善肯定論や擁護する意見はじょじょに忘れられていきます。反対に、偽善批判の声ばかりが大きくなっていくのです。この流れは八〇年代に加速し、二〇〇〇年くらいになると、偽善が肯定されてた時代があったなんてことすら、人々の記憶から消えてしまいました。

ふたたび悪の代名詞となった偽善くん。

偽善くんにとって、凍えるような冬の時代。偽善氷河期の到来です。

一九七九（昭和五四）年には、エコ偽善論の元祖ともいえる意見が登場しました。林三郎は「偽善に支えられる「環境論」」で、原発に反対する学者を批判してます。経済発展と環境への配慮は両立できないのだ、原発がなければ経済が成長せず、貧乏人が豊かになれないのだぞ、という主張。

だけど、ホントに両立できないんですかね。両立不可能と思われたことを可能にするのが技術革新（イノベーション）です。

むかしは、丈夫な素材は重い、というのが常識でした。鉄とかね。でも、軽くて丈夫なプラスチックが発明されたおかげで、軽さと丈夫さが両立できるようになりました。

むかしは運動系の部活と受験勉強は両立できないといわれましたが、予備校や通信教育会社が効率的な勉強法を開発したおかげで、かなり両立はラクになったはずです。

経済発展と環境への配慮も、実現できる可能性はかなり高いと思いますよ。あと、落語と弁論の両立もね。

**「ホントかなー？」**

八〇年代以降、新聞の読者投書欄にも、〝偽善〟という単語を使っているものが多く見られるようになるのですが、どれも偽善は悪いこと、いけないことの象徴と

して批判的に使われてます。

雑誌『第三文明』の一九八二（昭和五七）年二月号には、「偽善よ、前へススメ！　強きを助け弱きをくじく週刊誌ジャーナリズム」というタイトルで柳田邦夫さんが記事を書いてます。

「お？　その人は偽善の味方してるんじゃねえんスか？」

そう期待したんだけど、残念ながらこのタイトルは皮肉を込めたものでした。ある大物政治家が汚職事件で逮捕されました。その人は以前からずっと、汚職に関わってるんじゃないかと疑われてたのだけど、マスコミは彼の政治家としての手腕をほめてたんです。

それが逮捕された途端に一斉に責めるのは偽善じゃないかと皮肉ってるんです。

「それって、前にも聞いたような……？」

六〇年代に偽善を批判してたツネアリとまったく同じパターンの再現です。

でも政治家による汚職や贈収賄は、ケアレスミスとか出来心ではありません。おのれの特権的立場を利用した計画的な犯罪です。ある意味もっとも悪質とすらいえます。それは批判されて当然なのでは？　いい政治をしてくれた人だから少しくらいの汚職は見逃そうなんて考えこそが偽善なのでは？
それと「逮捕された途端に責めるのか」というけど、それは法治国家なんだからあたりまえです。逮捕される前に罪人扱いしたら名誉毀損です。

談志と欽ちゃん

八〇年代の注目すべき記事が、これです。『現代』一九八三（昭和五八）年九月号の「欽ちゃんよ、いい加減に偽善はやめてくれ」。

「その欽ちゃんって、あの欽ちゃんッスか？」

コメディアンの、あの萩本欽一さんです。

「大将を偽善者呼ばわりするなんて、いったい何者なんスか、そいつは！」

「シロウトなのに萩本さんをフツーに大将と呼んじゃうきみこそ何者だと問いたい」

この記事を書いたのは、落語家の立川談志さんです。正確にいうと、書いたのではなく、聞き書きだと思われますが。

「聞き書き?」

聞き書きというのは、だれかにしゃべってもらったことを、記者やライターが文章にまとめる方法、またはそうやってまとめた記事のことです。

談志さんは萩本さんのことだけを語ってるのではなく、さまざまな芸能人をめった斬りにしています。大麻で捕まった芸能人やら、タレント議員やら。萩本さんはそのなかのひとりにすぎません。

一九七八(昭和五三)年から八四年まで、萩本さんは「24時間テレビ　愛は地球を救う」に毎年出演し、チャリティに協力してました。いわば、番組の顔だったんです。

談志さんは、萩本さんの番組への関わりかたにケチをつけはじめますが、しゃべってるうちにだんだん批判の矛先がずれてしまいます。

なんで萩本さんの私生活を語るのはタブーなんだ、みんなして萩本さんのよき父親イメージ、いいひとイメージを守ろうとしているが、萩本さんだって浮気のひとつやふたつしてるに決まってる——って、なんの証拠もなく浮気してると決めつけてるんですけど、ねじれねじれて結果的には、萩本さんを擁護してるという、談志さんらしいっちゃ、らしい文章です。

「あのう、それで注目ポイントは、どこなんでしょ？」

驚くべきことに、この記事のなかで〝偽善〟という言葉は一度も使われてないのです。談志さんはひとことも〝偽善〟とは口にしていません。なのに、なぜか記事のタイトルは「欽ちゃんよ、いい加減に偽善はやめてくれ」となってます。

内容に即してこの記事に正しくタイトルをつけるなら、「欽ちゃんをクリーンな聖人にまつりあげるのはやめてくれ」みたいになるはずです。

「それがなんでまた、偽善ってなっちゃうんスかね？」

雑誌記事やコラムのタイトルは、書いた本人でなく、雑誌の編集者がつけることが多いんですよ。編集者が、あんなチャリティ番組は偽善だ、と主張したいがためにつけたタイトルだったんじゃないかな。

中身のない偽善

このように、書いた本人が偽善という言葉をまったく使ってないにもかかわらず、タイトルなどに〝偽善〟とうたわれてしまう不可解な現象は、このあともたびたび見られるようになります。

たとえば、ビートたけしさんの『偽善の爆発』（二〇〇〇年）という単行本。これも雑誌に連載された聞き書き記事を本にまとめたものですが、本文中では偽善という言葉はまったく使われてません。

武田邦彦さんの『偽善エコロジー』（二〇〇八年）も、偽善とあるのはタイトルだけ。本文中には出てきません。不思議ですね。

どちらの本も、私が見落とした可能性はありますが、だとしてもせいぜい一個か二個でしょう。それだけじゃあ偽善が爆発してる本とはいえませんよね。

たけしさんの本にこのタイトルがついた理由はわかりました。雑誌に掲載された初回の記事タイトルが「偽善の爆発」だったんです。そのときには本文中でも偽善という言葉を使っています。

たけしさんはその記事で、未成年の犯罪者を実名報道した雑誌に抗議した作家に対して、同情するならおまえが一生そいつの面倒みろ！　なんて無茶な極論をいいます。

他人に同情したら、その人の面倒を一生見なければいけないなんてルールがいつできたのでしょう？　だったら、汚職で逮捕された政治家に同情した評論家も、その政治家の面倒を一生見なきゃいけないことになります。

しかし、なぜかこの初回コラムは単行本には収録されず、タイトルだけが書名に流用されたのです。

『偽善エコロジー』のほうも、節水なんてエコには意味がない、節水するなら水洗トイレを全部やめろ！　みたいな感じのおとなげない極論が多いんです。

極論をいう人たちは、百パーセント正しくてケチのつけようのない行為しか〝善〟〝正義〟と認めないのでしょうね。彼らにとっては、ちょっとでも傷のある善はすべて偽善。つまり極論をいう連中にとっては、よのなかすべてが偽善なんです。そんな批判になんの意味があるってぇの？

数少ない偽善肯定派

八〇年から二〇〇〇年の期間中、〝偽善〟を肯定的に使った記事でめぼしいものは、『Sapio』一九九三年六月号に載った、批評家の柄谷行人さんと浅田彰さんの対談記事くらいのものです。

おふたりは、日本国憲法の九条改正に反対する意見を述べるなかで、たとえ偽善といわれても、憲法九条を守ることが善であり、日本のためになると主張します。

浅田「理念を語る人間は何がしか偽善的ではある」
柄谷「偽善者は少なくとも善をめざしている」
浅田「めざしているというか、意識はしている」
柄谷「ところが、露悪趣味の人間は何もめざしていない」
浅田「むしろ、善をめざすことをやめた情けない姿をみんなで共有しあって安心する」

さらに浅田さんはつけ加えます。日本の社会にはホンネとタテマエがあるとむかしからいわれるけど、実際のところは、日本人はタテマエという偽善を嫌い、ホンネだけにしてしまいがちなんじゃないか。逆に日本以外の世界の国々のほうが、タテマエとしての正義を重んじ、けっこう偽善的にやっているよ。

憲法改正の是非はさておき、この会話からわかるのは、柄谷さんと浅田さんが、五〇・六〇年代の偽善肯定論や、それ以前、ラ・ロシュフーコーなどの偽善論をちゃんと踏まえているということです。

究極のアンチ偽善本

二〇〇〇年に刊行された日垣隆さんの『偽善系』という本は、究極のアンチ偽善本といっても過言ではありません。なにしろ著者が偽善を真っ向から否定・批判しているのですから。

日垣さんはこの本で「偽善を憎む心根では負けぬつもりでいる」と高らかに宣言します。とにかく偽善を嫌い、憎み、徹底的に叩きつぶそうとする意気込みがすごいんです。

「どうして、そこまで？」

わかりません。この本に書かれている内容は、さまざまな社会制度の歪みや矛盾、欺瞞への批判なんです。社会の矛盾や欺瞞を批判するのは意義のあることです。この本で取りあげられているもののなかにも、そうだそうだと納得できる意見から、それはあなたが完全に誤解してるだけだよ、と思えるものまで、さまざまです。

問題はそこから先。結局日垣さんはこの本で、七〇年代から週刊誌などがやってきたのと同じことをしてるんです。自分が批判したい対象を偽善系という言葉でひとくくりにして、悪のイメージを貼り付けてるだけ。


なお、偽善系とは、ダブルスタンダードを操る人たちのことなのだそうです。

「またわかんねえ英語が出てきた」

ダブルスタンダードを日本語でいえば二重規範。時と場合や相手によって、異なるルールを使い分けて態度や応対を変えることです。

身近な例をあげれば、えこひいきなんてのがそうですね。それをもっと拡大したのが人種差別。相手の肌の色によってルールを変えてしまうのですから。

えこひいきや差別はたしかによくないことですよ。だけど、それって偽善なんでしょうか？　偽善の本来の定義を思い出してください。本心を隠して、うわべだけ善人っぽくふるまうこと、心にもない善行をすること、でしたよね。

人種差別をしてる人たちは、自分たちの行動を〝善〟だと思ってるのでしょうか。

ここらへんの心理は私にはよくわかりません。人種差別をすることを心の底から善行だと考えてる人もいるかもしれない。恐ろしいことだけどね。そんな人とは同じ町内にも住みたくないけど。

でも、ほとんどの場合、人種差別は心にもない善行どころか、むしろむき出しの悪意です。心のままに偏見を実行して他人を傷つけ、その悪意と行為を正当化してるのだから、偽善とは正反対とさえいってもいい。

つまり二重規範は必ずしも偽善的とはかぎらない。単なる悪の場合もあります。というかそもそも、偽善とはまったくべつの概念です。二重規範だから偽善はいけないというのは、偽善を批判する理由になってません。

第6章　結論　偽善者になろう！

「せつないッス。一九五〇・六〇年代にはあんなに評価されてた偽善くんが、いまやすっかり、悪者じゃないッスか。よのなかのオトナたちって、なんでむかしのことを忘れちまうんスか」

そうはいっても、五〇・六〇年代だって、おおかたの日本人は偽善を嫌ってましたからね。あの時代の学者や思想家には、柔軟なものの見かたができる人がいまよりちょっとだけ多かったのかもしれません。

五〇・六〇年代に偽善肯定論が登場した理由

五〇・六〇年代に偽善を肯定する思想家が多かったのは、戦争の影響があったんじゃないか、というのが、私の考えです。これには残念ながら確実な裏付けはないので、あくまで個人的意見として聞いてほしいんだけど。

偽善を肯定してた人たちのなかには、実際に兵隊として戦地に赴いた人もいたし、戦場に行かなかった人も、みんな日本国内でじかに戦争を体験してました。みなさん、戦争の当事者だったんです。

戦争は、究極の偽善です。うわべだけは正義のため、善のためと称してるけど、実際にやることは人殺しです。善や正義のために、外国の見知らぬ人を殺せと命じるんですよ。

やらなきゃやられるのだから正当防衛だという人もいます。やりたくてやったんじゃない、自分はむりやり参加させられただけだという人もいます。それはどちらもわかるけど、殺人は殺人です。理屈でごまかすのにも限度があります。だれも逆らえないのだとしたら、やはりそれこそが究極の偽善たる証拠です。

そんな究極の偽善の当事者になったら、偽善を肯定するしかないじゃないですか。もしも偽善を全否定したら、それは即、自己否定につながります。自分は偽善者ではない、なんていえるヤツがいたら、とんでもない自己欺瞞。自分で自分にウソをついているってこと。

つまり、戦争当事者だった彼らには、自分は偽善者だと認めた上で、偽善者としていかに最良の道を歩んでいくか、という生きかたしか残されてなかったんです。

七〇年代になると戦争の記憶が薄れてきますし、戦争を知らない世代も増えました。自分は偽善者ではないと考える人も増えました。
そういう時代背景のなかで、偽善を認める意識も薄れてきて、自分のことは棚に上げて、他人を偽善者と批判する傾向が強まった。偽善くんの悪のイメージが復活したのではないか——こういったところが、私の考察です。

偽善再評価のきざし？

しかし、希望を捨ててはいけません。希望はいつでもあるのです。豪太くんには、将来名探偵になれる可能性があるんです。

「よっしゃあ！」

亜美さんにも、女子アナになれる可能性があるんです。

「そんな夢、一度も語ってませんけど。まあ、なれたら、それも悪くないか……」

二〇〇〇年代に入ってから、わずかながら偽善を再評価するきざしが見えてきたんです。

「マジッスか⁉」

「やったね！　……って、待て待て、この人たちの茶番劇に乗るんじゃないぞ、自分を見失うな、あたし」

まずは二〇〇二年一月の『文學界』。文芸評論家の千葉一幹さんがズバリ「偽善のすすめ」という文章を書いてます。このタイトルがつけられた文章は過去にいくつかありましたけど、久々の登場かもしれません。

老人に席を譲るという行為は人の遺伝子に組みこまれてはいない。それは習得したものなんだから、自然な行為ではない。だからあらゆる善は偽善的であらざるをえないのだ、というのが千葉さんの主張。五〇から七〇年代の偽善肯定論を踏まえた上での発言ですね。

二〇〇七年には、前にも紹介しましたが、内藤誼人さんが「完全なる偽善のススメ」を発表。ほら、人前でいいことをするのが大好きだって人ですよ。

「ああ、他人に親切にしようって気持ちだけ持ってても、行動に移さなければ意味がないって、グサッとくるようなことといった人か」

『偽善入門』への違和感

そして二〇〇八年には、お坊さんの小池龍之介さんが『偽善入門』なる本を出版しています。

なにかを偽善と批判するのでなく、偽善そのものを考察した本が出たのは、もしかしたら福田定良の『偽善の倫理』以来、およそ五〇年ぶりかもしれません。

私もこの本が出たときには、いよいよ偽善の逆襲が本格的にはじまるか、と、わくわくしながら読んだのですが……どうやら私の偽善観と小池さんの偽善観は、相容れないようなんです。

悪よりは偽善のほうが絶対にましというところまでは私も同じ意見です。ところが小池さんは、偽善にはいい偽善と悪い偽善があるとしています。同じ偽善でも、善の気持ちが多くこめられていればいい偽善。

打算など、悪の気持ちの割合が多ければ悪い偽善。偽善を続けて実践することで、いい偽善の割合を増やしていきましょう、と説くのです。

それって、なんのために？　私はクビをひねりました。自分のなかのいい偽善の割合なんてものを増やしたところで、単なる自己満足にすぎません。善行を受ける相手にとっては、そんな気持ちはどうでもいいんですから。

きみたちには以前に考えてもらいましたよね。パオロとジョバンニとアレッサンドロの三人は、それぞれ異なる理由や心情で、老人に席を譲りました。でも、電車で席を譲られた老人にとっては、座れたこと自体が重要であって、相手の笑顔のウラに打算が隠れていようがいまいが、偽善だろうがまごころだろうが、そんなのどうでもいいことなのだと。

それに、いい偽善の割合を増やそうだなんて、なぜそんなセールスマンの売上競争みたいなことをしなきゃいけないのでしょうか。受験の合格可能性をアップしようみたいなことをしなければいけないのでしょうか。努力してもいい偽善を達成できなかったら、クビですか？　いい偽善度が何パーセント以上ないと、死後に極楽や天国に入れないのでしょうか？

善行や道徳に、目標なんかを設定してはいけません。そんなことをしたら、善行そのものでなく、目標達成が目的になってしまいます。

しかも週に一度はいいことをしよう、くらいのうちは目標達成はラクですが、やればやるほど、向上心に火がついて、一日一度、一日三度……と目標設定がきつくなると、目標を達成できないことがいつしか苦痛となり、あげくのはてに、善行そのものがイヤになってしまいかねません。

私は、善行なんて、気が向いたときだけやればいいし、なんなら一生、偽善者のままでも全然かまわないと考えます。というか、過去に偽善について真剣に考えた哲学者や思想家たちは、人間はすべて偽善者であり、一生偽善から逃れられないのだ、とすでに結論を出してましたよね。

小池さんはこういった先人たちの偽善論をまったく踏まえずに、ひとりよがりの偽善論だけを語ってるのが残念です。はっきりいって勉強不足。

表面的には偽善を肯定しているようだけど、結局小池さんは、偽善が嫌いなんです。だから、いい偽善・悪い偽善なんて区別をつけて、努力して偽善から逃れようと思ってる。逃れられると思ってる。理想の善というありえないゴールを設定して、そこへ向かって走ることを他人にもすすめているのです。

でも、そのゴールへたどりつくのは、一生不可能だと忠告しておきます。きれいな善、美しい善など存在しません。人間の行う善は、すべて偽善なのですから。

パオロ流偽善のすすめ

さて、ここまで偽善について、きみたちと一緒にいろいろ考えてきました。過去の人たちが偽善をどう扱ってきたか、偽善にどう向き合ってきたかも詳しくお話ししました。

偽善について考えるための材料は、すでにあらかた渡したつもりです。だからあとはきみたち自身で考えてください――と話を終わらせたいところです。が、私はおしゃべりなんで、最後に私も先人にならって、パオロ流偽善のすすめとして、自分の意見をまとめておきましょう。

私はもちろん偽善肯定派です。しない善よりする偽善、ってスローガンには大賛成です――が、私はそこにもうひとことつけ加えます。「しない善よりする偽善、でも、やりすぎるのは独善だ」。

私の基本理念はこれ。「気が向いたときだけ善行をしよう。偽善者になろう。」昨日は電車で老人に席を譲ったけど、今日は疲れてるから寝たふりして譲らなかった。それでいいんです。気が向いたら譲ればいいし、気が向かなければ譲らなくてもいい。月に一度でも年に一度でもいい。それでもゼロよりは絶対まし。無理に寄付などしなくていい。気が向いたときだけコンビニのレジにある募金箱に小銭を入れる。それだけでも全然オッケー。しないよりは絶対ましだから。

毎回席を譲ろう、いつも募金をしよう、なんてヘンな目標を立てたら、それが重荷になって、しばられて、よけいにやりたくなくなってしまいますよ。

だから私は、偽善こそが目指すゴールだと考えてます。偽善者になれれば、それでいいんです。すでに偽善者になってるなら、現状維持でじゅうぶんです。努力してもっと上を目指す必要など、まったくありません。

どんなに努力したって、われわれは決して完璧な善人にも極悪人にもなれないんです。だったら胸を張って、私は偽善者だと宣言しよう。むしろ偽善くらいの善がちょうどいいんです。一生、偽善者でいようじゃないですか。

大切なのは、動機や気持ちでなく、結果なのだ

偽善を批判する人たちの最大のあやまちは、動機や気持ちを重視するところです。私はその考えかたは危険だとすら思ってます。なにより大事なのは、動機や気持ちでなく、結果なんですから。

たとえ、心からの純粋な善意にもとづいてやった行為であっても、それが結果的にだれかを傷つけたり苦しめたりしてるなら、配慮しなければいけません。場合によってはその善行をやめなければいけません。

善意が人を傷つけることもあります。善意が人を苦しめることもあります。善意ならなにをやっても許されるわけではありません。

たとえば、さびれた町を救うために、あるお金持ちが私財をなげうって工場を建てたとします。町の人を雇って給料を払います。自分は社長ですが無給です。工場は軌道に乗り、町は発展しました。これは素敵な善意です。

しかし、もしもその工場から発生する汚染物質や騒音、悪臭による被害者が少数

でも出たら、対策が取れるまで、工場の稼働は中止しなければなりません。

オレは善意で工場をやってるし、それによって町のみんなが失業から救われた。もしも、不満をいう少数の人間のために工場を止めたら、町全体がダメになる。だから、少数の人たちは、少しくらいの苦痛はガマンしろ――なんて社長がいい出したら、それは偽善より悪質な〝独善〟です。動機が純粋なら結果がどうなろうと許されるなどと考えはじめたら、非常に危険です。

反対に、偽善と承知の上で、売名のためにやった行為であっても、それが結果的にだれかの役に立っていて、とくにだれの迷惑にもなってないのなら、その偽善をやめさせる理由はありません。実害を受けて苦痛を訴えてる人がいるならともかく、そうでないのに、偽善だからやめろという批判は自分勝手です。

寄付や募金なんてのがそうですね。それこそ毎年やってる例の24時間テレビ。

あの番組にケチをつけてる人はたくさんいます。視聴者から募金を集めておいて、出演するタレントが高額なギャラをもらってるのは偽善だ、などといつも批判されてます。本当にもらってるのかどうかは知りませんけど、仮に高額なギャラをもらっていたとして、それで実害を受けてる人がいるのですか？

聞くところによると、日本では町内会や学校で、赤い羽根共同募金を半強制的に取り立ててる例があるそうです。

このやりかたには、一九四〇年代、共同募金がはじまったときから批判があって、六〇年代には、日本全国で不満の声があがり、ずいぶんと問題となったんです。監督する厚生省も半強制的なやりかたはやめるようにと指示を出したりしてたのですが、地域によってはいまだにこの悪習は残っているようです。

これは偽善どころでなく、恐喝という立派な犯罪です。いますぐ警察が介入してやめさせなければいけません。

というより、そんなやりかたを強制されて、文句をいわずに払ってる日本人もおかしいんです。オトナがこんなことをやってるようじゃ、こどものいじめやカツアゲがなくなるわけがありません。

なぜこんな問題が起こるのか。その原因のひとつは、赤い羽根共同募金に募金の目標額なんてものがあるからです。目標を達成しようとするあまり、強制をともなった善意が他人を傷つけるんです。偽善よりひどい独善に陥ってしまう。

善意に目標なんてものを設定すると、ろくなことがないんです。

では24時間テレビはどうかというと、あの番組はべつに寄付を強要してません。テレビを見ろと強制されることもない。参加はあくまで自由なのだからフェアなやりかたです。やりかたが気に入らなければ寄付しなければいい。テレビを見なければいい。そうすればなんの被害も苦痛も受けません。

実際、私はあの番組をまともに見たことないし、番組に寄付したこともありません。だけど、批判もしません。やめろなんていいません。あの番組のやってることが偽善だとしても、私はなにも被害を受けてないし、少なくともだれかの役には立ってるんでしょ。

だったら、それでいいじゃないですか。愛は地球を救えないかもしれないが、偽善はだれかを救ってます。

動機が偽善だからダメ、やりかたが偽善だからダメ、なんて批判には意味がありません。すべては結果次第なんです。結果がよければそれでいいし、結果的に苦しむ人がいるようなら、その善行はまちがっているんです。

というわけで、偽善についてのお話はこれでおしまいです。

「あのう、あたしたちからパオロさんにお願いがあるんですが」

「落弁部の顧問になってくれませんか」

顧問？　コーチや監督のこと？　それって学校の先生でなくてもいいんですか？

「学校が認めれば、外部の人でもいいそうです」

ふうん。じゃあ引き受けましょうか。

「ありがとうございます！　これで部が存続できるッス」

ディベート全国大会に参戦しましょうか。

「えっ、ホントに？　やった！　豪太くんもがんばろうね！」

ようし、私が顧問としてやるからには、どんなキタナい手やあくどい手を使ってでも、優勝をめざすぞー！

「それは、ちょっと……」

偽善年表

西暦	偽善否定派	中立	偽善肯定派
20～100ごろ	イエス・キリストとその弟子・信者		
16世紀初頭			マキャベッリ
17世紀後半	モリエール『タルチュフ』		ラ・ロシュフーコー
1800ごろ	本居宣長（“偽善”は使用せず）		
18世紀末～	カント		
19世紀初頭	ヘーゲル		
19世紀後半	ニーチェ		
1872		中村正直訳『自由之理』	
1898	内村鑑三		
1902	永井荷風『地獄の花』		『静観録』
1908			夏目漱石『三四郎』
明治大正期	一般人の新聞投書など		
1949–53			中野好夫
1952			三島由紀夫
1954–55			福田定良
1960	高校上級コース		
1963			中村光夫
1965			丸山眞男
1968	福田恆存		
1976			加藤周一
1977			岡本博
1978			勝部真長
1970年代	週刊新潮		
1982	柳田邦夫		
1983	立川談志（“偽善”は使用せず）		
1993			柄谷行人・浅田彰
1998–2000	ビートたけし		
2000	日垣隆		
2002			千葉一幹
2007			内藤誼人
2008	武田邦彦		小池龍之介

参考文献一覧

第1章　偽善って、なんだろう

◆五代目柳家つばめ『創作落語論』河出文庫
◆内藤誼人「内藤誼人の実践ちょい悪心理テクニック　完全なる偽善のススメ」(『日経ビジネスアソシエ』2007年3月6日号)
◆うたまっぷ.com (http://www.utamap.com/)

第2章　偽善の実態を見てみよう

◆『高校上級コース』1960年1月号
◆『学校基本調査』文部科学省
◆首藤貴「上肢切断者のリハビリテーション」(『整形・災害外科』1981年9月)
◆加倉井周一・浪江久美子「義足・義手使用者の体育」(『新体育』1980年8月)
◆北山一郎「義手の設計と開発」(『設計工学』2011年12月)
◆古川宏「発達を考慮した義手の適応と訓練」(『日本義肢装具学会誌』2009年1月)
◆『世界主要国価値観データブック』電通総研　日本リサーチセンター編　同友館
◆『寄付白書2012』日本ファンドレイジング協会　経団連出版
◆『寄付白書2011』日本ファンドレイジング協会　経団連出版
◆藤谷武史「アメリカにおける寄附文化と税制」(『税研』2011年5月)
◆秋葉美智子「アメリカの個人寄付メカニズムに関する一考察」(『文化経済学』2009年9月)
◆成田元男「ウォーレン・バフェットはなぜ慈善事業に巨額の寄付をしたのか」(『週刊エコノミスト』2006年10月24日)
◆The Chronicle of Philanthropy (http://philanthropy.com/section/Facts-Figures/235/) "A Strong Showing for Donors Under 40"
◆『番付で読む江戸時代』林英夫、青木美智男編　柏書房
◆『日本及日本人』1922年12月1日
◆『日本及日本人』1922年5月1日

第3章　知られざる偽善の歴史　誕生編

◆『聖書　新共同訳』日本聖書協会
◆田川建三『新約聖書　訳と註　第1巻』作品社
◆藤原聖子『教科書のなかの宗教』岩波新書
◆加藤隆『歴史の中の『新約聖書』』ちくま新書
◆林晃『イエスの実像と虚像』新教出版社
◆『聖書思想事典　新版』X・レオン・デュフール、Z・イェール　小平卓保訳　三省堂
◆『現代倫理学事典』大庭健 編集代表　弘文堂
◆モリエール『タルチュフ』鈴木力衛訳　岩波文庫
◆カント『人倫の形而上学』森口美都男、佐藤全弘　他訳 (『世界の名著32』中央公論社)
◆ヘーゲル『精神現象学　上・下』樫山欽四郎訳　平凡社ライブラリー
◆竹田青嗣・西研『超解読！ はじめてのヘーゲル『精神現象学』』講談社現代新書
◆ヘーゲル『法の哲学』藤野渉、赤澤正敏訳 (『世界の名著35』中央公論社)
◆ニーチェ『道徳の系譜学』中山元訳　光文社古典新訳文庫

◆佐藤亨『現代に生きる幕末・明治初期漢語辞典』明治書院
◆ミル『自由之理』中村敬太郎訳（『明治文化全集第二巻　自由民権篇』日本評論社）
◆福田眞人「明治翻訳語のおもしろさ」（http://www.lang.nagoya-u.ac.jp/proj/sosho/7/fukuda.pdf）
◆柳父章『翻訳語成立事情』岩波新書
◆ロブスチード『英華字典』藤井次右衛門
◆『英和対訳袖珍辞書』堀達之助　秀山社
◆ヘボン『和英語林集成』明治学院
◆内村鑑三『内村鑑三選集3』岩波書店
◆夏目漱石『三四郎』新潮文庫
◆『静観録』無尽灯社
◆永井荷風『地獄の花』（『荷風全集第二巻』岩波書店）

第4章　知られざる偽善の歴史　成り上がり絶頂編

◆中野好夫「悪人礼賛」（『ちくま哲学の森3　悪の哲学』筑摩書房）
◆中野好夫「偽善」（串田孫一編著『若き日の思索』河出書房）
◆福田定良「偽善者礼賛」（『文藝春秋』1954年11月）
◆福田定良『偽善の倫理　増補版』法政大学出版局
◆中野好夫「頼もしきマキャベリスト」（『中野好夫集Ⅰ』筑摩書房）
◆三島由紀夫「最高の偽善者として――皇太子殿下への手紙」（『三島由紀夫全集26』新潮社）

第5章　知られざる偽善の歴史　暗雲凋落編

◆中村光夫「偽善と偽悪」（『新日本文学』1963年5月）
◆丸山眞男「偽善のすすめ」（『丸山眞男集　第九巻』岩波書店）
◆ラ・ロシュフコー『ラ・ロシュフコー箴言集』二宮フサ訳　岩波文庫
◆本居宣長『玉勝間』岩波文庫
◆福田恆存「偽善と感傷の国」『福田恆存全集第六巻』文藝春秋
◆勝部真長「偽善の効用」（『先見経済』1978年10月第2月曜号）
◆岡本博『映像ジャーナリズムⅠ　偽善への自由』現代書館
◆林三郎「偽善に支えられる「環境論」」（『動向』1979年8月）
◆柳田邦夫「偽善よ、前へススメ！　強きを助け弱きをくじく週刊誌ジャーナリズム」（『第三文明』1982年2月）
◆立川談志「欽ちゃんよ、いい加減に偽善はやめてくれ」（『現代』1983年9月）
◆ビートたけし『偽善の爆発』新潮社
◆ビートたけし「偽善の爆発」（『新潮45』1998年2月）
◆武田邦彦『偽善エコロジー』幻冬舎新書
◆柄谷行人・浅田彰「露悪趣味に毒された日本人へ――「憲法9条」を守る偽善こそ善である！」（『Sapio』1993年6月）
◆日垣隆『偽善系』文藝春秋

第6章　結論　偽善者になろう！

◆千葉一幹「偽善のすすめ」（『文學界』2002年1月）
◆小池龍之介『偽善入門』サンガ

文庫版あとがき

　さて、お読みになって、どんな感想をお持ちになったでしょうか。私の著書はいつも賛否両論。おもしろいと笑ってくれる人がいる一方で、突きつけられた事実を受け入れられず、不愉快だと怒る人も必ずいます。

　本書で示したことはすべて根拠があり、私はウソはついてないってことだけは確かです。そのために、情報源とした参考文献をいちいちあげているのです。

　偽善について調べた事実を、いい面も悪い面も包み隠さずお伝えしたことで、私が偽善者ではないことをおわかりいただけたのではないでしょうか――あれ？　困ったな。偽善者になろうという結論と、矛盾してしまいましたね。

　文庫のあとがきらしく、作品の成立過程みたいなものについて、お話ししておきましょう。

　版元が異なるのでおおっぴらに宣伝してませんが、じつは本書は、『13歳からの反社会学』（角川文庫）の続編です。といっても共通してるのは舞台設定と店主のパオロだけ。話自体は独立してるので、読者のかたが気にとめる必要はありません。前作を読んでなくても、まったく問題ありません。まあ、両方読んでいただければ、著者としては、嬉しいかぎりですけども。

日本の歴史文化に詳しいパオロと常連客の会話（というかコント？）形式をはじめたのは、二〇〇九年。セレブ主婦向け雑誌『ＶＥＲＹ』での連載でした。

立ち食いそば屋兼古本屋というユニークな業態の「ブオーノそば」を舞台とし、常連客である近所の主婦のお悩みを解決できそうな本を紹介するという、他に類のないコンセプトの読書ガイドです。

主婦だけでなく、彼女のダンナと小学生の息子、そしてさすらいのフリーライターなどもやってくる、にぎやかな作品になりました。自分では書くのがとても楽しかったのですが、編集長には全然ハマってなかったようで、この連載は二年で終了しました。

のちに春秋社のＷｅｂ春秋で連載が再開し、二〇一三年に『ザ・世のなか力』（春秋社）として刊行されました。現在は『世間を渡る読書術』と改題され、ちくま文庫になってます。

同形式を引き継いだ二〇一〇年発行の『13歳からの反社会学』での常連は、近所の中学生男女。落語好きの留吉と、毒舌優等生の愛美でした。ただ、このときは古本屋兼立ち食いそば屋という舞台設定は明記されてません。

そして、その四年後の作品となる本書では舞台となる立ち食いそば屋が復活し、常連は留吉の後輩である、スジを通したがる男・豪太と、愛美の妹でディベート大会出場を目指す亜美へとバトンタッチされました。

私がここまでキャラ設定や舞台設定に凝って書いたのは、一読者として以前から感じていた不満を解消したかったからです。

読みやすさを狙って会話体で書かれた学術入門書って、むかしからけっこうあるんですよ。だけどたいてい、おもしろくない。おもしろくない理由は、小説やマンガをよく読む人、あるいは、書く人ならすぐにわかります。登場人物のキャラが立ってないんです。

その手の本に登場するのは決まって、まったく個性のないハカセや教授と、こちらも無個性な生徒A、Bみたいなの。

キャラの背景は？　そのキャラはこれまでどんな人生を送ってきたの？　シナリオや小説を書く者にとって、執筆前にそれを考えるのは基本中の基本です。会話体の学術入門書の著者たちはその準備作業をやってないのだから、キャラの書き分けなどできるはずもありません。

しかも、ハカセはだらだらと説明し、生徒は紋切り型の質問をするか相づち打つだけ。ボケもツッコミもありません。会話のキャッチボールが成立してません。なんのための会話体だか、わかりゃしない。

てか、その生徒の言葉づかい、何時代の人？　いまの若い女の子は「なになにだわ」なんて女言葉は使わないですよ。会話体で本を書くなら、せめて、いまの若者たちがどんな言葉づかいでどんなふうにしゃべってるかを、自分の子供や生徒、学生の会話に耳をそばだてて勉強しろって話ですよ。

などと文句ばっかりいっとりますが、だったら自分がやってやる、とばかりに不満に挑戦し、会話体のおもしろさと、ためになる学術入門書の両立を目指して書かれたのが本書です。その出来ばえがどんなものかは、お読みになったみなさんのご判断におまかせします。つまらないと思うなら、もっとおもしろいものを書いてみてください。一読者として、おもしろい本が増えるのは純粋に嬉しいことなので、楽しみにしています。

この会話コント形式の本はここしばらく書いてなくて、ブオーノそばは休業状態だったのですが、二〇一七年、『ザ・世のなか力』が文庫になる際に、新ネタとして加筆するため、しばらくぶりで何本か書きました。会話コントみたいな作品を書くのは、難しいけど、やっぱり楽しい作業だなあと再確認できたので、また機会があれば、ブオーノそばを再開したいと思ってます。

本書は二〇一四年二月に小社より刊行された
『偽善のすすめ――10代からの倫理学講座』
（「14歳の世渡り術」シリーズ）を改題の上、
一部加筆・修正し文庫化したものです。

偽善《ぎぜん》のトリセツ
反倫理《はんりんり》学講座《がくこうざ》

二〇一九年一月一〇日　初版印刷
二〇一九年一月二〇日　初版発行

著　者　パオロ・マッツァリーノ
発行者　小野寺優
発行所　株式会社河出書房新社
〒一五一-〇〇五一
東京都渋谷区千駄ヶ谷二-三二-二
電話〇三-三四〇四-八六一一（編集）
〇三-三四〇四-一二〇一（営業）
http://www.kawade.co.jp/

ロゴ・表紙デザイン　粟津潔
本文フォーマット　佐々木暁
印刷・製本　中央精版印刷株式会社

Printed in Japan ISBN978-4-309-41660-1

幸せを届けるボランティア　不幸を招くボランティア

田中優　41502-4

街頭募金、空缶拾いなどの身近な活動や災害ボランティアに海外援助……これってホントに役立ってる？　そこには小さな誤解やカン違いが潜んでいるかも。“いいこと”したその先に何があるのか考える一冊。

右翼と左翼はどうちがう？

雨宮処凛　41279-5

右翼と左翼、命懸けで闘い、求めているのはどちらも平和な社会。なのに、ぶつかり合うのはなぜか？　両方の活動を経験した著者が、歴史や現状をとことん嚙み砕く。活動家六人への取材も収録。

死刑のある国ニッポン

森達也／藤井誠二　41416-4

「知らない」で済ませるのは、罪だ。真っ向対立する廃止派・森と存置派・藤井が、死刑制度の本質をめぐり、苦悶しながら交わした大激論！　文庫化にあたり、この国の在り方についての新たな対話を収録。

神さまってなに？

森達也　41509-3

宗教とは火のようなもの。時に人を温めるが、時に焼き殺すこともある——現代社会で私たちは宗教とどのように対峙できるのか？　宗教の誕生した瞬間から現代のかたちを通じて、その可能性を探る。

自分はバカかもしれないと思ったときに読む本

竹内薫　41371-6

バカがいるのではない、バカはつくられるのだ！　人気サイエンス作家が、バカをこじらせないための秘訣を伝授。学生にも社会人にも効果テキメン！　カタいアタマをときほぐす、やわらか思考問題付き。

池上彰の　あした選挙へ行くまえに

池上彰　41459-1

いよいよ18歳選挙。あなたの１票で世の中は変わる！　選挙の仕組みから、衆議院と参議院、マニフェスト、一票の格差まで——おなじみの池上解説で、選挙と政治がゼロからわかる。

裁判狂時代　喜劇の法廷★傍聴記

阿曽山大噴火　40833-0

世にもおかしな仰天法廷劇の数々！　大川興業所属「日本一の裁判傍聴マニア」が信じられない珍妙奇天烈な爆笑法廷を大公開！　石原裕次郎の弟を自称する窃盗犯や極刑を望む痴漢など、報道のリアルな裏側。

裁判狂事件簿　驚異の法廷★傍聴記

阿曽山大噴火　41020-3

報道されたアノ事件は、その後どうなったのか？　法廷で繰り広げられるドラマを日本一の傍聴マニアが記録した驚異の事件簿。監禁王子、ニセ有栖川宮事件ほか全三十五篇。〈裁判狂〉シリーズ第二弾。

タレント文化人200人斬り　上

佐高信　41380-8

こんな日本に誰がした！　何者もおそれることなく体制翼賛文化人、迎合文化人をなで斬りにするように痛快に批判する「たたかう評論家」佐高信の代表作。九〇年代の文化人を総叩き。

タレント文化人200人斬り　下

佐高信　41384-6

日本を腐敗させ、戦争へとおいやり、人々を使い捨てる国にしたのは誰だ？　何ものにも迎合することなく批判の刃を研ぎ澄ませる佐高信の人物批評決定版。二〇〇〇年以降の言論人を叩き切る。

ミッキーマウスはなぜ消されたか　核兵器からタイタニックまで封印された10のエピソード

安藤健二　41109-5

小学校のプールに描かれたミッキーはなぜ消されたのか？　父島には核兵器が封じられている？　古今東西の密やかな噂を突き詰めて見えてくる奇妙な符号——書き下ろしを加えた文庫オリジナル版。

言論自滅列島

斎藤貴男／鈴木邦男／森達也　41071-5

右翼・左翼、監視社会、領土問題、天皇制……統制から自滅へと変容した言論界から抜け出した異端児が集い、この国を喝破する。文庫化のために再集結した追加鼎談を収録。この真っ当な暴論を浴びよ！

黒田清　記者魂は死なず

有須和也　41123-1

庶民の側に立った社会部記者として闘い抜き、ナベツネ体制と真っ向からぶつかった魂のジャーナリスト・黒田清。鋭くも温かい眼差しを厖大な取材と証言でたどる唯一の評伝。

毎日新聞社会部

山本祐司　41145-3

『運命の人』のモデルとなった沖縄密約事件＝「西山事件」をうんだ毎日新聞の運命とは。戦後、権力の闇に挑んできた毎日新聞の栄光と悲劇の歴史を事件記者たちの姿とともに描くノンフィクションの傑作。

宮武外骨伝

吉野孝雄　41135-4

あらためて、いま外骨！　明治から昭和を通じて活躍した過激な反権力のジャーナリスト、外骨。百二十以上の雑誌書籍を発行、罰金発禁二十九回に及ぶ怪物ぶり。最も信頼できる評伝を待望の新装新版で。

私戦

本田靖春　41173-6

一九六八年、暴力団員を射殺し、寸又峡温泉の旅館に人質をとり篭城した劇場型犯罪・金嬉老事件。差別に晒され続けた犯人と直に向き合い、事件の背景にある悲哀に寄り添った、戦後ノンフィクションの傑作。

「噂の眞相」トップ屋稼業　スキャンダルを追え！

西岡研介　40970-2

東京高検検事長の女性スキャンダル、人気タレントらの乱交パーティ、首相の買春検挙報道……。神戸新聞で阪神大震災などを取材し、雑誌「噂の眞相」で数々のスクープを放った敏腕記者の奮闘記。

篦棒《ベラボー》な人々　戦後サブカルチャー偉人伝

竹熊健太郎　40880-4

戦後大衆文化が生んだ、ケタ外れの偉人たち――康芳夫（虚業家）、石原豪人（画怪人）、川内康範（月光仮面原作）、糸井貫二（全裸の超前衛芸術家）――を追う伝説のインタビュー集。昭和の裏が甦る。

軋む社会　教育・仕事・若者の現在

本田由紀　41090-6

希望を持てないこの社会の重荷を、未来を支える若者が背負う必要などあるのか。この危機と失意を前にし、社会を進展させていく具体策とは何か。増補として「シューカツ」を問う論考を追加。

強いられる死　自殺者三万人超の実相

斎藤貴男　41179-8

年間三万人を超える自殺者を出し続けている自殺大国・日本。いじめ、パワハラ、倒産……自殺は、個々人の精神的な弱さではなく、この社会に強いられてこそ起きる。日本の病巣と向き合った渾身のルポ。

結婚帝国

上野千鶴子／信田さよ子　41081-4

結婚は、本当に女のわかれ道なのか……？　もはや既婚／非婚のキーワードだけでは括れない「結婚」と「女」の現実を、〈オンナの味方〉二大巨頭が徹底的に語りあう！　文庫版のための追加対談収録！

日本

姜尚中／中島岳志　41104-0

寄る辺なき人々を生み出す「共同体の一元化」に危機感をもつ二人が、日本近代思想・運動の読み直しを通じて、人々にとって生きる根拠となる居場所の重要性と「日本」の形を問う。震災後初の対談も収録。

退屈論

小谷野敦　40871-2

ひとは何が楽しくて生きているのだろう？　セックスや子育ても、じつは退屈しのぎにすぎないのではないか。ほんとうに恐ろしい退屈は、大人になってから訪れる。人生の意味を見失いかけたら読むべき名著。

道徳は復讐である　ニーチェのルサンチマンの哲学

永井均　40992-4

ニーチェが「道徳上の奴隷一揆」と呼んだルサンチマンとは何か？　それは道徳的に「復讐」を行う装置である。人気哲学者が、通俗的ニーチェ解釈を覆し、その真の価値を明らかにする！

なぜ人を殺してはいけないのか?

永井均／小泉義之　40998-6

十四歳の中学生に「なぜ人を殺してはいけないの」と聞かれたら、何と答えますか？　日本を代表する二人の哲学者がこの難問に挑んで徹底討議。対話と論考で火花を散らす。文庫版のための書き下ろし原稿収録。

カネと暴力の系譜学

萱野稔人　41532-1

生きるためにはカネが必要だ。この明快な事実から国家と暴力と労働のシステムをとらえなおして社会への視点を一新させて思想家・萱野の登場を決定づけた歴史的な名著。

「声」の資本主義　電話・ラジオ・蓄音機の社会史

吉見俊哉　41152-1

「声」を複製し消費する社会の中で、音響メディアはいかに形づくられ、また同時に、人々の身体感覚はいかに変容していったのか——草創期のメディア状況を活写し、聴覚文化研究の端緒を開いた先駆的名著。

社会は情報化の夢を見る　[新世紀版] ノイマンの夢・近代の欲望

佐藤俊樹　41039-5

新しい情報技術が社会を変える！　——私たちはそう語り続けてきたが、本当に社会は変わったのか？　「情報化社会」の正体を、社会のしくみごと解明してみせる快著。大幅増補。

メディアはマッサージである

マーシャル・マクルーハン／クエンティン・フィオーレ　門林岳史〔訳〕　46406-0

電子的ネットワークの時代をポップなヴィジュアルで予言的に描いたメディア論の名著が、気鋭の訳者による新訳で、デザインも新たに甦る。全ページを解説した充実の「副音声」を巻末に付す。

都市のドラマトゥルギー　東京・盛り場の社会史

吉見俊哉　40937-5

「浅草」から「銀座」へ、「新宿」から「渋谷」へ——人々がドラマを織りなす劇場としての盛り場を活写。盛り場を「出来事」として捉える独自の手法によって、都市論の可能性を押し広げた新しき古典。